黄檗文化纵览

李湖江 著

厦门大学出版社 国家一级出版社
XIAMEN UNIVERSITY PRESS 全国百佳图书出版单位

图书在版编目（CIP）数据

黄檗文化纵览 / 李湖江著. -- 厦门：厦门大学出版社，2024.11. -- ISBN 978-7-5615-9554-1

Ⅰ. B946.9

中国国家版本馆 CIP 数据核字第 2024W5B903 号

责任编辑	林　灿　王鹭鹏
美术编辑	张雨秋
技术编辑	朱　楷

出版发行	厦门大学出版社
社　　址	厦门市软件园二期望海路 39 号
邮政编码	361008
总　　机	0592-2181111　0592-2181406（传真）
营销中心	0592-2184458　0592-2181365
网　　址	http://www.xmupress.com
邮　　箱	xmup@xmupress.com
印　　刷	厦门集大印刷有限公司

开本	720 mm×1 000 mm　1/16
印张	9.25
插页	1
字数	130 千字
版次	2024 年 11 月第 1 版
印次	2024 年 11 月第 1 次印刷
定价	40.00 元

本书如有印装质量问题请直接寄承印厂调换

厦门大学出版社　　厦门大学出版社
微信二维码　　　　微博二维码

前　言

2015年5月23日，习近平主席在中日友好交流大会上说："我在福建省工作时，就知道17世纪中国名僧隐元大师东渡日本的故事。在日本期间，隐元大师不仅传播了佛学经义，还带去了先进文化和科学技术，对日本江户时期经济社会发展产生了重要影响。"2022年2月25日，隐元禅师获日本德仁天皇颁定的谥号"严统大师"，这是隐元禅师第七次获日本皇室敕封。由隐元禅师从福建福清黄檗山带到日本并且开宗立派发扬光大的黄檗宗，其影响超越佛教，形成综合性的文化形态，被誉为黄檗文化。2022年是中日邦交正常化五十周年，黄檗文化的发扬和推广有助于促进中日佛教乃至文化、政治层面的交流。

黄檗文化的重要价值不言而喻，然而黄檗文献的搜集、整理和研究工作却大为滞后。一方面是搜集与整理黄檗文献本身的工作，黄檗文献包含国内的部分以及日本的部分，国内可见的有关文献数量极少，大部分留存于日本，笔者曾委托日本友人代为购买，更多的黄檗文献则是通过孔夫子旧书网等渠道高价购得，之后又马不停蹄地进行整理点校与出版，断断续续耗费了两三年时间，现在国内书市上已经可以看到笔者整理的《黄檗宗文献三种校释》以及《黄檗宗珍稀文献荟萃》，由于水平有限以及时间不足，书中难免出现一些瑕疵与错误，这是应向读者致以歉意的，若有机会再版则一定进行修订。自觉把这些不易见到的文献带到读者的眼前，也算尽了一份绵薄之力。随着时间的推移，黄檗文化逐渐热起来，笔者了解到，通过福清黄檗山万福寺住持定明法师的组织策划以及提供出版支持，陆续有更多学者从事黄檗文献的整理工作。笔者内心稍觉宽慰，不必再单枪匹马去奋斗，独自去承担这个事情了。另一方面是黄檗文化的研究工作开展得并不如意，中文研究者仍然屈指可数，论著、论文本身的专业性又较强，其普及推广程度受到限制。《黄檗文化纵览》能够获得福建省社科普及出版资助项目的立项，适应了当前的需要。经过半年左右时间的持续写作，之后应机推出，希望这本普及性的读物能帮助广大读者深入地认识、了解黄檗文化。

目 录

一滴草 / 1
    一、山川悠游 / 1
    二、梅兰竹菊 / 3
    三、惟一道实 / 6

两黄檗 / 9
    一、早期两黄檗 / 9
    二、裴休与叶向高 / 11
    三、隐元住持万福寺 / 12
    四、东西两黄檗 / 13
    五、日本黄檗宗的外护 / 15

三籁集 / 17
    一、石屋清珙山居诗 / 18
    二、岳林栯堂山居诗 / 20
    三、中峰明本四居诗 / 22

四福寺 / 26
    一、"四福寺"的兴建 / 27
    二、"四福寺"的经济功能与慈善功能 / 29

白鼠歌 / 33

一、"二鼠侵藤"譬喻与《白鼠歌》/ 33

二、解读《白鼠歌》/ 35

千字文 / 40

一、隐元东渡之前 / 41

二、隐元东渡之后 / 43

独立信札 / 47

一、独立性易与朱舜水往来信札 / 48

二、独立性易与安东省庵往来信札 / 52

宾主联璧 / 55

一、《宾主联璧》内容简介 / 55

二、《丰州草》中的相关记录 / 58

黄檗三笔 / 63

一、黄檗三笔：隐元、木庵、即非禅师的作品 / 64

二、《黄檗僧书卷》/ 69

三、其他 / 74

山堂清话 / 76

一、自我提醒 / 77

二、警示他人 / 78

三、文字特点 / 81

隐元茶诗 / 84

一、隐元"茶诗"用典"赵州茶" / 85

二、隐元"茶诗"系清新淡雅生活的写实 / 86

三、隐元"茶诗"抒发茶的"洁敬"精神 / 87

四、隐元"茶诗"的幽默与风趣 / 87

朴老题咏 / 89

一、赵朴初与黄檗宗结缘 / 89

二、赵朴初所作与黄檗宗有关诗词对联 / 91

三、赵朴初与中日友好交流 / 93

资料释读 / 95

一、圣福寺藏字画 / 95

二、圣福寺藏《唐船寄附状帖》/ 101

福清县志 / 104

一、《乾隆福清县志》中的黄檗寺僧 / 105

二、《嘉靖福清县志续略》的释家特色 / 107

《隐元》评述 / 111

附 录 / 119

听中泽弘幸漫谈黄檗文化 / 119

黄檗山万福寺住持定明法师访谈录 / 128

后 记 / 139

一滴草

《一滴草》系黄檗渡日僧高泉性潡禅师（1633—1695）所著诗文集，共四卷，前三卷为诗偈，第四卷为文集，含序、记、跋、书、启、祭文、传、铭、赞等。跋文记载，其内容系"吾师在唐及初东渡时，作无虑四百余篇"。文集中既有东渡之前所作诗文，亦有东渡初期所作诗文。根据跋文末尾标注的"龙飞丁卯年季春禊日门弟子道清、道发稽首敬跋"等文字看，该集刊刻于1687年。《一滴草》诗文清新雅致、出尘脱俗，正如即非如一禅师在序言中所说："其言淡而旨远，如澄川透迤，而无怒奔之状，非涵养之功，乌能至是？"

一、山川悠游

永嘉玄觉《证道歌》云"游江海，涉山川，寻师访道为参禅"，大抵描绘了古代禅师的日常生活，为了参禅开悟，必须寻师访道，"深山藏古寺"，不跋山涉水，焉能找到？所以古代禅师与名山大川历来就有不解之缘。高泉性潡系福州府福清县人，离福清不远则有鼓山名闻天下。据南宋祝穆所撰《方舆胜览》卷十记载："在闽县，有石状如鼓，故名。或云，每雷雨作，中若鼓声。"鼓山半山腰的白云峰麓有涌泉寺，始建于五代，后梁开平二年（908），闽王王审知迎请神晏禅师来此住持扩建。对于高泉禅师而言，鼓山无疑是令他神往的去处。《一滴草》中有《梦游喝水岩》："少小曾闻此地名，无端游兴梦中生；师初坐处神能寂，我未看来水自清。水不乱禅何用喝，禅无碍水岂妨鸣？只因错混群流去，直对岩头发一声。"①此诗之前还有序言，记录了他的梦境："石鼓喝水岩，宴国师尝坐禅于此。因一喝为之倒流，窃雅慕焉，未能游也。一夜梦游其间，层层错落、拂拂飞动，四无人声、口与心语。既觉索笔，亟追所思。"传说神宴国师于此讲经说法，因嫌水声太过喧闹，一喝之下竟令溪涧改道。

既是神往之地，又岂能不去？高泉禅师终于实现心中愿望，来到鼓山，参访涌泉寺，幽境美景给他留下深刻印象。《题鼓山涌泉寺》诗中这样写道："我闻斯地饶形胜，一到方知景淡

图1　鼓山喝水岩

浓。泉水时时鸣玉珮，峰峦面面削芙蓉。山门白瞰一江月，石径涛翻十里松。偶向山前时燕坐，梵音清散数声钟。"②鼓山的主峰为屴崱峰，又名绝顶峰、大顶峰，许多名人登临并留下诗作，如近人郁达夫诗《偕吴

---

① 师初坐处神能寂：（来到）神宴禅师原来所坐之处，精神也为之寂静。喝：大喝一声。

② 形胜：地势险要。燕坐：指坐禅。

秋山游鼓山》云："休沐同登屴崱峰，扶摇直上乘抟风。"① 高泉禅师登临也曾留下诗作《登鼓山屴崱峰》："梦历诸峰已有年，而今始上最高巅。俯看沓嶂青连野，遥指长江白贴天。闽王布金浑在望，国师喝水落谁边？回思今昔无穷感，徒自风前一怆然。"② 高泉禅师登上绝顶感慨万千，抚今思昔，心潮澎湃，又写下《鼓山绝顶》："呼杖时登最上巅，几回举手直摩天。万山下视如朝拜，无尽烟霞展齿边。"③ 高泉禅师登上绝顶，获得开阔的眼界及豪迈的情怀。

二、梅兰竹菊

《一滴草》中收录了许多以梅兰竹菊为题材的诗作。在传统中国画当中，梅兰竹菊四君子十分常见，《集雅蔡梅竹兰菊四谱小引》载："文房清供，独取梅、竹、兰、菊四君者，无他，则以其幽芳逸致，偏能涤人之秽肠而澄莹其神骨。"由于象征清高的品格，而为文人雅士所喜爱：如林逋爱梅，黄庭坚爱兰，苏东坡爱竹，陶渊明爱菊，故事广为传唱。

高泉禅师最爱梅花，《一滴草》中写梅花的诗大约二十首，有《梅》《早梅》《画梅》《题画梅》《观庭梅》《雨中梅花》《野步少憩梅花下》等。雪花潇潇、北风飘飘的时节，春天尚未到来之际，梅花不惧严寒已然开放，用来喻人，则象征坚强的品格，《早梅》诗："莫讶罗浮里，先春破晓枝。冰魄应有意，不与众花知。"④ 同样象征意志坚强的还有《雨中梅

---

① 休沐：休息洗沐，休假。抟风：乘风直上之风，旋风。
② 沓嶂：重峦叠嶂。布金：布施黄金。国师喝水：神晏国师朝流水大喝一声。
③ 屐齿：木屐底下的齿。
④ 罗浮：山名，传说晋代道士葛洪曾在此山修道。

花》:"久待梅不开,开则临风雨。往往大贤人,不过亦如此。"梅花的这种性格与高泉性潡禅师自身颇相似,出家之后他发愤参究,修行昼夜精进,据《黄檗第五代高泉和尚行实》记载,1655年高泉禅师奉师慧门和尚之命从罗川莲花庵回福清黄檗山,"未几染痢疾,一日一夜八十次,又口中绝粒至四十日,皮骨连立。或曰,此禁口痢,必死之证,而师无死想,第觉从前所有无明妄想,一时冰释,欲求一妄念亦不可得,于工夫上益见省力"。如梅花一般坚毅的品格,造就了后来的一代宗师。高泉禅师爱梅花,画梅花,题梅花诗,散步的时候在梅花树下休息,有"枝头吹落梅花片,着我禅袍片片香"句;《喜催易侄至自西来》中又用诗句"苍松怪石护岩台,白雪吹花衬古梅"表达喜悦的心情[1];他经常造访林秀才的居室,号"梅花庵",创作出《梅花庵》《访林秀才于梅花庵次韵》《林公读书梅庵赋赠》《赠林梅庵》等诗;甚至叮嘱众弟子,死后将其葬在梅花旁边,如《二十二义士冢》写道:"二十二人义不忘,死埋玉骨古梅旁;谁嫌岁久今寥落,一度花开一度香。"

除了爱梅花,高泉禅师对竹子也情有独钟,《寄赠陈山人七十寿》中有"梅魄梅魂梅韵致,竹肌竹骨竹精神"这样的诗句。竹子象征高尚的气节,这也体现在高泉的诗中——"伐出邛山称妙绝,通身犹抱烟霜节"(《酬人赠竹杖》)。竹子不只是象征,更有实用价值,《酬人赠竹杖》诗中写竹杖可以助人登山。《对竹》一诗开头写道:"萧萧双径竹,清致绝难忘。不止医人俗,兼能助暑凉。"又如"几番答句操毛颖,何日偕谈坐竹窗"[2](《次韵江太守见寄》),"弟兄相聚岂寻常,一朵青灯一竹床"

---

[1] 衬:对照、烘托。
[2] 毛颖:据韩愈《毛颖传》记载,毛颖为中山人,其祖先明眎曾辅佐大禹治理东方、养育万物,因功劳封地于卯,死后位列十二生肖神之一。

(《同照和尚岩房夜话》),"读罢梵书启竹扉,西风萧索白云飞"①(《秋日观紫薇花》),"准拟成阴驱暑毒,竹棚高架倚檐东"(《栽葡萄》),"削光双鬓剔双眉,拈柄玲珑竹漉篱"(《赠亮饭头》)。《竹庵》《题竹庵》《翠竹庵》等诗写竹子的实用功能。"闲看古院藏修竹,静听寒流操古琴"(《访古眉法兄于香城》)则写竹子的审美功能。更了不起的是,竹子可以作为弘法的道具,如《竹筅》一诗:"何必辘轳忙晓夜,和云捉取稚川龙。顶门猛与一锥去,管取重重节目通。"②又如《观音竹》,写"不同淇上凌云种,别有灵根出梵林"③。

《一滴草》中写兰花的诗有《瓶兰》《风兰》《兰石》《题画兰》等,主要赞颂兰花的芳香,如《风兰》一诗:"幽谷冷相依,芳香独秘时。春风不珍重,逗漏与人知。"④写菊花的诗有《墨菊》《方丈盆菊》《白菊》《咏菊次木和尚韵》,主要赞扬菊花高洁的品格,如《白菊》:"原是陶家种,移来别径芳。但存一片白,肯耐九秋霜。知己惟除月,可人岂独香。枝头清自许,点破满篱黄。"⑤高泉性潡禅师写兰花和菊花的诗作较少,写梅花和竹子的诗较多,但高泉画作颇让人有几分意外,只发现一幅《兰石图》,图画左边是兰石,右边有三枚钤印、题字及落款:"云根突出一枝芳,黄檗昙花道人笔。"昙花道人(又作昙华道人)是高泉禅师的别号。此画正好与其诗作《兰石》相匹配,其诗云:"写兰兼写石,蓄意亦何长?石比道人骨,兰称王者香。"

---

① 梵书:佛经。
② 稚川:传说是道教的仙都,稚川真君的居所。
③ 梵林:佛寺。
④ 逗漏:透露、漏泄。
⑤ 陶家:指陶渊明。

三、惟一道实

《一滴草》第四卷文集中收录了一篇较为稀见的人物传记《华严道人传》，虽然不足千字，但概述了惟一道实禅师（1620—1692）的生平履历，而且是目前关于惟一道实最完整的记载，比山本悦心《黄檗东渡僧宝传》中的记录要详细。惟一道实的户籍在福州府侯官县，系将门之后。父亲郑东里（希桥），母亲徐玉官。惟一将要出生的时候，父亲与同僚在船上捕鱼，不知弄璋弄瓦，就撒网对天祈祷"果弄璋当得一鲤"，果然有一条大鲤鱼入网，于是为儿子取名兆鲤。郑兆鲤十七岁的时候，母亲得病难愈，他割股肉为药，母亲因此痊愈，他的孝心传遍乡里。十九岁时娶妻生子，不久妻、子相继离世，于是在南明隆武时入伍，官至参军。因父亲死于兵难而有志于出家。

《华严道人传》中有这样一句值得注意："特诣黄檗谒普照国师剪落，礼独往幽公为依止，时年逾而立矣。"惟一道实的剃度师是普照国师即隐元禅师，但是他的依止师是独往性幽[①]，也就是说惟一道实的嗣法师应该是独往性幽。日本文献将其嗣法师误作隐元隆琦[②]，这样就差了一个辈分，笔者先前相关著作亦由此错认辈分。惟一道实实际上是隐元的法孙而并非弟子，这可以找到有力的旁证。证据一：隐元弟子即非禅师称惟一道实为禅侄。《即非禅师全录》中有《答惟一禅侄》《次惟一禅侄韵》《赠

---

① 独往性幽：生卒年不详。福建福州府三山人，俗名欧全甫，隐元法嗣，曾编《狮子岩志》《黄檗山志》。

② （日）榊原直树：《黄檗宗大本山万福寺历代住持集》，黄檗宗布教师会2011年版，第103页。

惟一禅侄血书〈华严〉》等诗。证据二：隐元法孙千呆性安称惟一道实为禅兄。在《千呆禅师语录》中有千呆性安赠给惟一道实的诗偈，题为"惟一禅兄血书诸大乘经圆满，述偈以赠"。所以惟一道实为隐元禅师的法孙应当确定无疑。之所以误解，一方面是因为资料匮乏，另一方面可能是由于惟一道实剃度之时已过而立之年，年龄偏大导致后人错认辈分。

1661年，为庆祝隐元禅师七十大寿，高泉性潡奉师命东渡日本，惟一道实同行，这应该是惟一道实第二次东渡，不久惟一道实成为隐元禅师的侍者。山田玉田的《中国祖迹巡拜记》记载了惟一道实先后两次东渡以及这两次东渡的间隔期中海南（指海坛岛，即福建平潭岛）镇海寺发生的故事："惟一道实禅师因在日本黄檗寺的西方丈上的双鹤亭里用血写了《华严》《法华》《报恩》《涅槃》等多卷经书而闻名。他自号华严道人，在双鹤亭的旁边建了个院子，称其为华严院，但这个地方如今已不存在了。他为辅佐国师顺治甲午东渡到了日本，但第二年便回到了中国的黄檗寺，下一年又寓住在了海南眠牛山镇海寺，之后又与高泉和尚一同来到了日本。他在镇海寺的时候，赤脚露顶，唱诵《华严经》，日课千拜，一

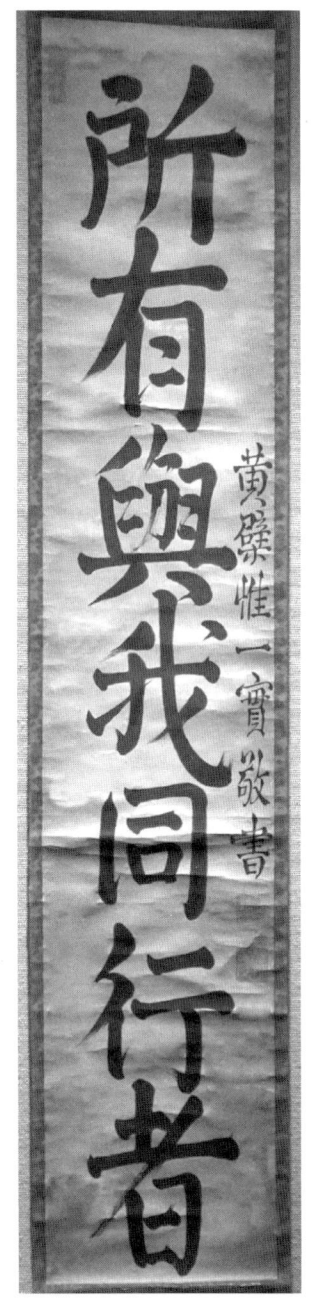

图2　惟一道实书法
图片来源：2019年7月1日拍摄于长崎历史文化博物馆"渡来黄檗僧の書画"特展。

日也未荒废。有一天贼船来袭，当地和尚劝他快躲一躲，但他没有听从，回答道：'我一贫僧，一无所有，若要取我性命，拿去便是！'之后便像往常一般大声诵读《华严经》。不久后黑风忽起，砂砾飞舞，树木拔起，贼船不见踪影，由此人人都愈发敬佩禅师的伟德。"[1]惟一道实禅师最令师友称道的事件是血书五大部经。血书佛经是佛教界中特殊的弘法方式，是极其虔诚的表现，被佛教界认为功德不可思议。如近代弘一大师曾血书《华严经》《四分律行事钞》，当代本焕老和尚曾血书《楞严经》《地藏经》《金刚经》《普贤行愿品》《文殊师利法王子经》等。惟一道实从一六六一年春天开始，沥指血手书《华严经》八十一卷，计五十九万七千三百一十七字，历时三载完成。之后又血书《法华经》《报恩经》《金光明经》《涅槃经》，于一六六七年冬天宣告圆满结束。即非禅师感动于此曾作诗《题血书五大部经》称赞惟一道实禅师。

---

[1] （日）山田玉田：《中国祖迹巡拜记》，宇治黄檗真光院1926年版，第33~34页。原文为日语，文见倪霞译：《山田玉田黄檗寺祖迹巡拜记》，《闽学研究》2020年第3期。略有修订。

两黄檗

黄檗山闻名天下已久，南朝梁江淹就写过《游黄檗山》一诗："长望竟何极，闽云连越边。南州饶奇怪，赤县多灵仙。金峰各亏日，铜石共临天。阳岫照鸾采，阴溪喷龙泉。残杌千代木，廥崒万古烟。禽鸣丹壁上，猿啸青崖间。秦皇慕隐沦，汉武愿长年。皆负雄豪威，弃剑为名山。况我葵藿志，松木横眼前。所若同远好，临风载悠然。"①本诗是江淹政治上失意被贬建安吴兴令时所写，实地描写黄檗山的秀丽景观，隐约透露出作者彼时出世的情怀。江淹终究并未真正出世，黄檗山之美名借江淹之笔早已流传开来。所以这首诗也被历代多种版本的《黄檗山寺志》收入在"居士诗"当中。

一、早期两黄檗

明王志道在《黄檗山寺志·序》中说："宋人诗云，天下两黄檗。今天下山名黄檗者，不止两处，皆以断际师得名。吾乡黄檗，则师家

---

① （南朝梁）江淹著，丁福林、杨胜朋校注：《江文通集》，上海古籍出版社2017年版，第493~494页。阳岫：向阳的峰峦。鸾采：鸾羽的文采，比喻艳丽的色彩。残杌：没有枝叶的干枯树干。廥崒：形容山势或地势又高又陡的样子。葵藿：单指葵，古人多用向日葵比喻下对上的赤心。

山，初出世处，后履历诸方，不忘其初。盖诸方以人名山，斯乃山名人者也。"① 这里提到的宋人指南宋诗人，被誉为"永嘉四灵"之一的翁卷，写有《游黄檗寺》一诗："天下两黄檗，此中山是真。碑看前代刻，僧值故乡人。一宿禅房雨，经时客路尘。将行更瞻礼，十二祖师身。"② 诗中的"两黄檗"，一指福建的黄檗山，另一则指江西的黄檗山。福建黄檗山得名是因为山上有许多黄檗树，黄檗味苦。据寺志记载，唐代的开山正干禅师是六祖慧能大师的弟子，慧能告诉正干应"遇苦即止"，正干回到福清黄檗山想起大师的话于是选择在这里开山。③

江西黄檗山因断际禅师而得名。断际禅师就是黄檗希运（？—850）禅师，佛教辞典介绍希运："唐代僧，福州闽县人，姓氏不详。幼出家于洪州黄檗山，聪慧利达，学通内外，人称黄檗希运。相貌殊异，额肉隆起如珠，号为肉珠。据宋《高僧传》卷二十载，师尝游天台山……后游京师，遇一姥指示，遂还洪州谒百丈怀海，并大开心眼，得百丈所传心印，一时声誉弥高，人皆赞为大乘之器。后于黄檗山鼓吹直指单传之心要，四方学子云集而来，时河东节度使裴休镇宛陵，建寺，迎请说法，以师酷爱旧山，故凡所住山，皆以黄檗称之。年寿不详，谥号断际禅师。门下有临济义玄、睦州道纵等十数人。裴休辑师之语录成一卷，并题名'黄檗山断际禅师传心法要'，广行于世。"④ 由此我们得知位于江西宜丰的黄檗山由于黄檗希运禅师怀念故山而得名。

---

① 福清县志编纂委员会、福清县宗教局整理：《黄檗山寺志》，福建地图出版社1989年版，第4页。
② 经时：经历很长时间。瞻礼：瞻仰礼拜。
③ 学界认为慧能大师与正干禅师生卒年月有较大差距，寺志记载有误。
④ 慈怡主编：《佛光大辞典》（增订版），佛光文化事业有限公司2014年版，第3626页。

二、裴休与叶向高

裴休是与黄檗希运交情甚好的佛教居士，也是唐朝著名的宰相，为官期间他改革漕运，整顿茶税，建立功勋，留下美名。他在佛教禅宗史上有重要的地位：先是追随圭峰宗密学习，之后迎请黄檗希运至宛陵（安徽宣城）说法，留有笔记《宛陵集》；他在唐武宗会昌灭佛之际出面保护佛教，使佛教得以迅速恢复；他还提出"禅教统一论"，其思想通过整理黄檗希运的言论而体现。[①]

以宰相身份充当佛教护法居士，裴休并非唯一。大约八百年后的明朝，内阁首辅叶向高，成为促成明神宗赐藏福清黄檗山万福寺的重要功臣。据明费道用《黄檗寺志·序》记载："万历中，叶文忠公在政府，为请于神宗皇帝，得赐藏经，焕然再新殿阁，金碧辉煌，相好光明，隆隆之象，一时未有。凡闻声而至者，莫不咨嗟叹息，生皈依心。三十年来徒众日繁，宗风大畅。"[②]当然，黄檗山能获神宗赐藏，不得不提及这一活动的首倡者中天正圆法师。中天正圆看到寺庙破败，立志恢复，希望通过奏请御赐经藏而恢复基业，他在都城等候了八年，因病圆寂，其徒孙鉴源兴寿和镜源兴慈不忘初心，继续请藏，终得宰相叶向高相助而事成。福清黄檗山万福寺终于成为与皇家有关联的寺院，极大提高了地位和影响力。由此也能看出中天正圆祖师深刻的洞察力和预见性。

---

① 杜继文、魏道儒：《中国禅宗通史》，江苏人民出版社2008年版，第320~323页。
② 福清县志编纂委员会、福清县宗教局整理：《黄檗山寺志》，福建地图出版社1989年版，第5页。

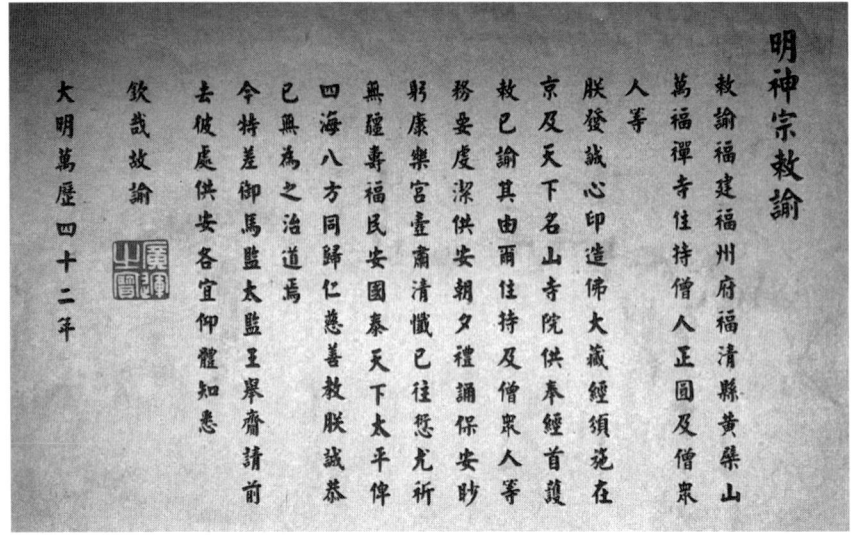

图 3　福清黄檗山万福寺明神宗敕谕

三、隐元住持万福寺

明神宗赐藏之后，还要有有影响力的禅师来担任住持，才能确保基业流传。黄檗山万福寺的檀越们做出正确的选择，他们迎请临济宗高僧密云圆悟禅师。1630年农历三月至八月，密云圆悟在黄檗山万福寺担任住持，后续担任住持的是弟子费隐通容以及通容的弟子隐元隆琦，隐元禅师先后两次在万福寺任住持，合计时间长达十六年，终使黄檗山万福寺成为名重四方的禅林宝刹。

据《黄檗山寺志》资料、平久保章的《隐元》及林观潮的《隐元隆琦禅师》可知，隐元禅师的贡献主要体现在以下五个方面。一是寺院的建设。隐元住持期间，形成非常完备的寺院规制，殿堂楼阁纷纷建成。二是寺产的增加。表现为田园的开垦。三是僧众的增多。在隐元赴日之前，黄檗山万福寺的僧众达一千多人。四是法脉的传播。隐元第二次担任福清万福寺住持时已有十二位法嗣，如无得海宁住持宁德县的玉象山龙华寺，西岩明光住持福州府长乐县的法华寺等，在各自实施教化的同时，他们在古黄檗结制、戒会等时候担任要职，以助隐元法化。[1] 五是典籍的刻印。万福寺藏阁上设有刷印楼，藏有各种新旧刻板，印刷多种临济宗禅师语录及佛教常用手册。

四、东西两黄檗

1654年隐元东渡日本之后，在京都宇治开创新寺，与当年的希运禅师一样，为了纪念自己的出身之处，隐元将位于京都宇治的新寺命名为黄檗山万福寺，是为新黄檗，福建的黄檗山祖庭则被称为古黄檗。《黄檗开山普照国师年谱》中则有"东西两黄檗"的提法[2]。

除了整个寺院的命名，还有其他许多命名体现出纪念的意味。比如说山峰命名，京都黄檗山有妙高峰、大吉峰、五云峰、乌帽峰、御峰和万松冈，福清黄檗山就有五云峰；乌帽峰、大吉峰应该化用福清黄檗山的大帽峰、吉祥峰；万松冈应该效名于福清黄檗山的万松庵。又如，京都黄檗山有松隐堂，福清黄檗山亦有松隐堂。再如，京都黄檗山有竹林精舍，福清黄檗山有翠竹庵。与福清黄檗山相较，京都黄檗山最有特色的建筑是双鹤亭，隐元弟子独湛性莹作有《双鹤亭记》，介绍该亭的由来："岁在辛丑暮春之时，老人承上旨择地开山，初至和峰之麓，遥望青松之杪，玄裳朱顶，白鹤有双，若翘企相迎，继而翱翔，复集于主山，即今丈室之后

---

[1] （日）平久保章：《隐元》，吉川弘文馆1998年版，第57~58页。
[2] 李湖江编著：《黄檗宗文献三种校释》，宗教文化出版社2019年版，第27页。

也。众以为道感之证，请师作亭以志异焉。亭成，命某纪其事。"①辛丑年是1661年，日本宽文元年，隐元禅师在为寺院选址的时候看见两只白鹤飞翔停留于主山之上，这样的事件在古代被视为"瑞应之事"。

宽文版《新黄檗志略》记载了一件事，1661年新黄檗落成，十一月初四又逢隐元七十岁古稀寿诞，众弟子写诗贺寿。法孙高泉性潡写有诗《十一月初四黄檗老和尚初度，即孔子降诞之晨，步法叔即和尚韵》："法王宣圣现仝辰，今古原来没两人。曹水声含洙泗韵，尼丘青接鹫峰春。漫言释道异儒道，须识先身即后身。狮子出胎群兽伏，为祥何必降麒麟。"②高泉禅师认为儒释不异，互相含摄，这种观点其来有自。隐元禅师早年曾与夏狮岩、龚士龙辩论儒释一贯之旨，他的禅学思想实际上就汇通儒释。隐元的弟子即非如一禅师也继承了这方面的思想资源，《即非禅师全录》卷七记载即非如一回答他人的提问："问：五戒与五常为同为别？答云：佛制五戒即儒五常，不杀即仁，不盗即义，不邪淫即礼，不饮酒即智，不妄语即信。但从佛口所宣，言别而义同也。檀越能守五常，即是持五戒也。"即非禅师的话系援引古语，北宋的契嵩禅师就说过同样的话，契嵩还写有《辅教篇》调和儒佛之间的争执。这段回答虽然并非即非禅师原创，但至少表明他赞同这种儒佛汇通的观点。正是因为黄檗禅僧有开放的视野，所以得到众多儒者士大夫的支持，就如前文提到的明朝宰相叶向高。高泉性潡还写有诗《瞻相国叶文忠公铜像》："公是裴休第二身，不忘黄檗旧艰辛。却将护国扶僧力，化作铜躯

---

① 林观潮：《中日黄檗山志五本合刊》，宗教文化出版社2018年版，第402页。

② 林观潮：《中日黄檗山志五本合刊》，宗教文化出版社2018年版，第427页。孔子降诞日众说纷纭，十一月初四是其中一说。法王指佛陀，宣圣指孔子。曹水：指曹溪，禅宗六祖慧能曾在曹溪宝林寺说法。洙泗：洙水和泗水，孔子曾在洙水和泗水之间聚徒讲学。

铁骨人。能使家和儒者立,直教祖席焕然新。两肩儒佛全担荷,岂比寻常一个臣。"①

五、日本黄檗宗的外护

叶向高这样位高权重的外护,对宗派的发展至关重要,在日本江户时代,黄檗宗的发展也得益于一批类似的护法居士,他们在政府中担任重要的职务。宽文版《新黄檗志略》中提到三个人:"其始即有崎主德峰居士者,请转法轮之外护也。最初禀上,乃令兴福逸然上座三致书于老僧。由是念万里外之诚恳,首而肯之。所谓感应道交,千古弗忘。其次则有若州次将空印居士,皈依老僧座下,诚信无疑。戊戌秋,老僧有武东之行,觌面于天泽寺,问答机缘颇契。及再晤长安时,则师资之礼已尽矣。别后辛丑之秋,居士已西生,遗命舍黄金一千颗,为老僧结屋之需,可谓正信了然,全始全终之外护矣。又其次,则有京兆尹独真居士,普门一面,彻信无疑,逢人便举,可谓决烈丈夫,千古而不易,诚为赞扬佛法之外护也。"②今查得,崎主德峰居士即当时担任长崎奉行的甲斐庄正述,若州次将空印居士即幕府大老酒井忠胜,京兆尹独真居士即前京都所司代板仓重宗。

综上,东西两黄檗由隐元禅师联系起来,隐元禅师将临济宗黄檗派带到日本,演变为日本禅宗三大宗派之一黄檗宗,中国的佛教传播到日

---

① (清)高泉性激:《一滴草》,李湖江整理汇编:《黄檗宗珍稀文献荟萃》,宗教文化出版社2021年版,第157页。祖席:这里指祖庭。
② 林观潮:《中日黄檗山志五本合刊》,宗教文化出版社2018年版,第398页。

本之后发生了什么样的变化？中国佛教与日本佛教的区别在哪里？2020年12月1日笔者陪同著名学者葛兆光教授在福清调研黄檗文化，其间走访了福清黄檗山万福寺、福清黄檗文化促进会以及瑞岩寺。调研期间，笔者向葛兆光教授请教研究"黄檗文化"的视角，葛教授指出："我总觉得日本佛教跟中国佛教有一个非常大的区别，就是日本佛教对于政治的关心和介入，因为它干预政治，就有很大的世俗权力，那对它的发展有很大的好处。其实黄檗宗还不是最明显的，最明显的是临济。像镰仓临济宗的寺庙出了很多外交使节，比如日本跟周边国家的外交活动，都是和尚而不是官员，是禅宗的禅师。比如说派到中国来的使节，基本上都是和尚、禅师。为什么呢？因为日本的周边国家就是朝鲜、越南和中国，都实行汉文字，而汉文修养都是禅师最高，所以禅师代理了外交使节，所以日本禅宗有一个最大的特点，就是介入政治特别深。有很多皇族、贵族直接介入出家当和尚。中国的和尚很多出身很贫寒，但是日本佛教重要的寺院塔头，住持方丈很多是贵族，因此他有很多特殊的政治权力。政治和宗教之间的关系，中国和日本差别很大……另外日本的黄檗寺，隐元隆琦到了日本，其实他是禅宗、净土和密宗三种风格合一的，要适应日本的特点。而中国的黄檗派基本上还是临济系统……其实隐元隆琦他也不习密教，可是他到了日本，日本的真言宗是一个大传统，因此他一定要接受那边的特点，然后把这个融进去。现在你讲日本的黄檗宗，它的特点就是禅净密合流，这个我觉得还是应该讲中国和日本的差别。"[①] 东西两黄檗既有联系，又有区别，反映了佛教的传播发展，要与当地社会相互结合，而日本黄檗宗的发展道路，可以视为佛教与当地社会有机结合的成功典范。

---

① 访谈文字系根据现场速记整理，经葛教授审阅。

三籁集

《三籁集》系隐元禅师选编的汇集本，收入元代石屋和尚山居诗四十首、栴堂禅师山居诗四十首、中峰和尚四居诗四十首。1660年，隐元禅师为《三籁集》写序。1672年，由隐元法孙梅岭道雪作笺解①，与隐元选编的作品一并出版发行。"诗为禅客添花锦，禅是诗家切玉刀"，古代的禅僧喜欢用诗偈来表达悟境；另一方面，文人的诗歌中蕴含禅意，其作品的艺术境界自然得到

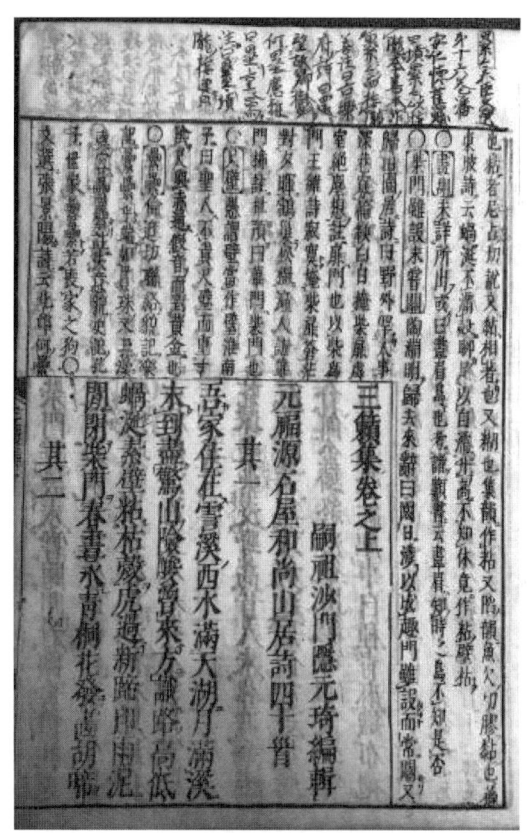

图4 《三籁集》卷上页

---

① 梅岭道雪（1641—1717）：日本肥前小城郡人，隐元法孙，临济宗第三十四世，嗣法大眉性善。在本人整理汇编的《黄檗宗珍稀文献荟萃》之《三籁集》中，误以为笺解也是隐元所作。今细读《三籁集》，发现文末跋文提及梅岭道雪作笺解，特此更正。

提高。诗禅相涉，已难分清彼此。侧重点仍有不同，禅僧的诗作意在言禅，文人的禅诗则意在炫诗。品读石屋、栯堂、中峰之诗，不仅要欣赏其优美的文学境界，更要聆听文字背后的天籁。隐元禅师为该选集取名"三籁集"，大概就是这个原因吧。

一、石屋清珙山居诗

元僧石屋清珙（1272—1352）是及庵宗信的弟子，爱好诗歌写作，以山居诗而闻名。《佛光大辞典》载其生平："元代临济宗僧。俗姓温，字石屋，苏州常熟人。依本州兴教崇福寺惟永法师出家，首参天目高峰原妙禅师，后嗣法于高峰和尚之法眷及庵宗信禅师。为及庵宗信禅师所器重，嗣法为临济宗十九世，曾被誉为'法海中透网金鳞'。后频出入吴越，弘扬禅风。因好隐栖，有归隐山林之宿愿。三十余岁偶登霞雾山（浙江湖州），为景色所迷，便筑草庵，号曰'天湖'。自始隐居，前后共四十余年。在生活修道上，崇仰山林，成为一代佛门隐士；在诗歌创作上，颇有建树，山居诗尤甚。至正间，诏赐金襕衣。临终偈曰：'青山不着臭尸骸，死了仍须掘土埋。顾我也无三昧火，光前绝后一堆柴。'表达了勘破生死轮回的生死观。遂投笔而化，世寿八十一。著有《石屋清珙禅师诗集》。"[①]隐元禅师对其诗作赞叹有加，《三籁集》序中提到："丈室无事，聊阅石屋山居诗，乃知本色住山人，了无刀斧痕。咏雪则曰'山家富贵银千树，渔父风流玉一蓑'，彻见此老胸中不凡。"

《三籁集》上册收录石屋清珙山居诗四十首，按内容大致可分为两

---

① 慈怡主编：《佛光大辞典》（增订版），佛光文化事业有限公司 2014 年版，第 2676 页。

类：其一揭示世俗名利机巧的虚幻不实，建议世人看破放下。其诗作善用典故，如"贪饵金鳞终落釜，出笼灵翮便冲霄"诗就用了两个典故，梅岭道雪在笺解里作了说明。"贪饵金鳞"出自《吕氏春秋》：一个卫国人擅长钓鱼，能钓到最难钓的大如车的鳏鱼，子思不解问其原因，卫国人说他刚开始的时候用一条鲂鱼做诱饵，鳏鱼视而不见，之后换用半只猪的肉作诱饵就钓着了。所以子思后来说了一句话"鱼虽难得，贪以死饵；士虽怀道，贪以死禄"。该诗阐明，真正困住世人的东西是功名利禄。"灵翮冲霄"则出自《世说新语》：僧人支道林因喜欢鹤，怕鹤飞走就剪掉它的羽毛，鹤虽然在樊笼里得到妥善的照料，却因不能飞无法得其志而躁动不安，于是支道林养好其羽毛就让鹤飞走了。这个典故说的是一样的道理，世人不应该被功名利禄的牢笼困住，而要让自由天性得到充分发挥。其二系对悠游世外山林生活的写实，表达与世无争、怡然自得的心态。如隐元选编的第一首："吾家住在雪溪西，水满天湖月满溪。未到尽惊山险峻，曾来方识路高低。蜗涎素壁粘枯壳，虎过新蹄印雨泥。闲闭柴门春昼永，青桐花发画胡啼。"①石屋清珙居住在雪溪西天湖②四十多年，诗中景物不过是他日常生活的呈现，不假造作，一派自然风光。又如第二首："柴门虽设未尝关，闲看幽禽自往还。尺壁易求千丈石，黄金难买一生闲。雪消晓嶂闻寒瀑，叶落秋林见远山。古柏烟消清昼永，是非不到白云间。"③在石屋清珙看来，僧家这种清闲出尘的生活，实在不是陷在是非争斗的世俗之人所能体会到的。

赏读石屋清珙山居诗，发现他很喜欢使用纸窗、纸帐、竹杖、竹榻、梅花和茶等字眼，如"纸窗竹屋槿篱笆，客到蒿汤便当茶""瓦

---

① 蜗涎：指蜗行所分泌的黏液。画胡：或指画眉鸟。
② 浙江湖州。
③ 尺壁：应为赤壁。

灶通红茶已熟，纸窗生白月初来""芒鞋竹杖春三月，纸帐梅花梦五更""竹榻梦回窗有月，砂锅粥熟灶无烟""几树梅花清处士，一园芋子乐闲僧"。作为隐逸的僧人，这些日常所用、所见之物，在他笔底生出无限的趣味。忽滑谷快天在其名著《中国禅学思想史》中称赞石屋清珙："其诗偈带寒山之遗风，其志操仿大梅之古踪，僧中之仙者乎！"[1]石屋清珙的山居诗是一股人间清流，不但受到隐元隆琦等僧人的推崇，也获得寻常百姓的喜爱。石屋清珙甚至名传海外，其弟子普愚太古（高丽人）被尊为高丽国国师，后由高丽国王向元朝廷上奏，诏谥石屋清珙"佛慈慧照禅师"。他圆寂之后，部分舍利子也被迎请到高丽国建塔供养。

二、岳林桷堂山居诗

《三籁集》中册有岳林桷堂山居诗四十首。岳林桷堂系元明之际禅宗临济宗杨岐派禅僧，浙江温州人，《五灯全书》《续传灯录》中有关于他的简要记载。岳林桷堂的山居诗在僧众中颇受称道，如明代四大高僧之一云栖袾宏就认为岳林桷堂的诗气格雄浑、句字精工，这四十首山居诗"尤为诸家绝唱"，其原因在于"以其皆自真参实悟，溢于中而扬于外"。但云栖袾宏又告诫世人不能舍本逐末，只注重推敲其诗歌，而忽略诗中蕴含的大道。云栖袾宏的原话收录于《云栖法汇》或《竹窗随笔》。

《三籁集》序中，隐元禅师也曾提及阅读岳林桷堂诗的体验："读桷堂山居诗，味其博雅风骚、慨世典章，如'五斗折腰元亮仕，千钟借爵董贤侯''青氊夜雪怜苏武，黄犬西风叹李斯''相韩卿赵裉中虱，霸楚

---

[1] （日）忽滑谷快天著，朱谦之译：《中国禅学思想史》，上海古籍出版社2002年版，第698页。

王吴槛外猿'之类,皆点破名位、权势,梦幻空花,奚足为贵?更如'拳伸夜雨青林蕨,心吐春风碧树花',彻见怀抱,恢廓典雅入神。"①近人南怀瑾评价岳林楠堂山居诗,"诗律最精、禅境与诗境最佳""神韵雄浑、说理透彻",南怀瑾在讲述《老子他说》《药师经的济世观》时都曾引用过楠堂禅师的诗句"天下由来轻两臂,世间何故重连城"②。

楠堂的山居诗旁征博引,内含丰富的典故,不熟悉这些典故,不容易了解诗歌的旨趣。如《山居诗》第三首:"人间红日易西斜,万巧施为总莫夸。剖出无瑕方是玉,画成有足即非蛇。拳伸夜雨青林蕨,心吐春风碧树花。世念一毫融不尽,功名捷径在烟霞。"这首诗用了两则典故:一则是《战国策》中所载"画蛇添足",喻指世间的种种机巧之事。楠堂禅师希望人们保持无瑕的心地,不要有太多的私心杂念,即使机关算尽,终不免红日西斜一场空。另一则是《鹤林玉露》中所载"终南捷径","世念一毫融不尽,功名捷径在烟霞",此句颇具讽刺意味,指出有些隐逸之人并非真隐士,之所以隐居是为了被高层人物发现,从而升官发财,对于这一类人而言,隐居不过是达成目标的"终南捷径"而已。

又如《山居诗》第十六首:"千年明镜忽生尘,逐妄迷真岂有因。海上刻舟求剑客,市中正昼攫金人。万牛难挽清风转,两曜偏催白发新。此事知音古来少,碧天无际地无垠。"③这首诗也用了两则典故:一

---

① 元亮:陶潜,字元亮。董贤:字圣卿,云阳(今陕西泾阳)人,汉哀帝刘欣的宠臣。相韩:张良祖先为韩人,大父、父五世相韩。卿赵:赵之良将廉颇,曾拜为上卿。霸楚:西楚霸王项羽。王吴:吴王阖庐。

② 《庄子·让王篇》中有一则典故,韩魏两国为土地相争,韩昭僖侯面有忧色。子华子问昭僖侯,若自断两臂可拥有天下,您愿不愿意?昭僖侯不同意。子华子对昭僖侯进行推理,两臂重于天下,而身体又重于两臂,韩国比天下差远了,这点土地比韩国差远了,您为争这一点土地而愁苦伤身,真是不值得啊。连城:指汴氏璧价值连城。

③ 逐妄迷真:追逐妄见导致本真受到迷惑。两曜:指日月。

则是《吕氏春秋》中的故事《刻舟求剑》，栢堂禅师引这则典故是为了点破世人"逐妄迷真"的固执心理，一个人的内心如果始终执着于过去的事情，就像千年的明镜不断蒙上尘埃，逐渐失去"照"的功用。第二则《攫金人》则是《列子》中的典故，说到齐国有一个人迷恋金子，竟在光天化日之下当众偷窃，金主斥责他胆子这么大！回答说：在偷金子的时候眼里只有金子没有人。这则典故讽刺世人因为贪婪，只看到眼前的利益，被各种利益驱使，而忽略背后的危害，不知"螳螂捕蝉，黄雀在后"的道理。

栢堂禅师的这些诗篇实际上起到劝化的作用，正所谓意在言外，要能听得懂弦外余音。《雨山和尚语录·栢堂山居诗注序》教导大众："读是集者，当离却纸墨文字外见大师真面目始得，若作寻常攻训诂业铅椠者视之，则失却一只眼矣。"在独往性幽等编订续修的《黄檗山寺志》卷七，有一首江右莲士戴衢亨撰写的诗："栢堂诗句石门禅，仙露明珠颗颗圆。拈出波罗花一朵，法中微妙笑中传。"此诗赞颂栢堂禅师的诗句，就像释迦牟尼手上的金波罗花，需用心体悟反躬自省，才能心领神会契入道妙。

三、中峰明本四居诗

《三籁集》卷下收录有元天目中峰和尚四居诗。中峰和尚（1263—1323）全名中峰明本，为元代临济宗的僧人，是浙江钱塘人，俗姓孙。他在弘扬佛教方面取得巨大的成功，既得到元统治者的支持，又受到下层百姓的爱戴，这当然得益于中峰和尚精深的修持、广阔的胸襟、平等的视野以及灵活多变的教学方法。他曾被敕封"佛慈圆照广慧禅师""智觉禅师""普应国师"，法脉传播到日本，日籍弟子有古先印元、复庵宗己、无隐元晦等。此外，他文学造诣颇深，有四居诗四十首行世，分别为船居十首、山居十首、水居十首、廛居十首。隐元禅师在《三籁集》序中曾写下这样的读后感："再阅中峰四居诗，可谓圆通无碍，古今绝唱，真大人境界，非寻常偏小之可测也。如咏山居则曰'印破虚空千丈月，洗清天地一林霜'；水居则曰'风休独露大圆镜，雪霁全彰净法身'；廛居则曰'月印前街连后巷，茶呼东舍与西邻。客来不用论宾主，篆缕横斜满屋春'；船居则曰'转柁触翻千丈雪，放篙撑破一壶冰；从教缆在枯椿上，恣与虚空打葛藤'。"①下面从船居、山居、水居、廛居中各取一首作简要分析。

如船居第六首："一瓶一钵寓轻舟，溪北溪南自去留。几逐断云藏野壑，或因明月过沧州。世波汩汩难同辙，人海滔滔孰共流。日暮水天同一色，且将移泊古滩头。""一瓶一钵"指代僧人身无长物，过着简单的生活，居住在船上，居无定所，"溪北溪南自去留"，这与佛教所追求的不执着的心态相应。按照佛教戒律的规定，修头陀行的僧人，不能在同一棵树下连续住三个晚上，这样有利于打破对家的执着。因此可以把船居的生活当成这样的修行，去留都没有痕迹，随行随止，心无挂碍。又如山居第五首："数朵奇峰列画屏，参差泉石畅幽情。青茅旋龘尖头屋，黄叶频煨折脚铛。云合暮山千种态，鸟啼春树百般声。世间出世间消息，不用安排总现成。"②诗人将奇峰当作画屏，泉石、鸟鸣当作伴奏，青山变成一座尖头屋，黄叶化作折脚铛，居山无家处处家，将禅僧随缘放旷的修行历程描绘得十分写意。

---

① 大圆镜：佛教比喻如来的智慧像大圆镜，洞照万物，无不明了，因此被称为大圆镜智。篆缕：篆，香盘；缕，线。打葛藤：葛藤譬喻烦恼。打葛藤，指扫除纠缠烦琐的陈词滥调。

② 旋龘：覆，盖。折脚铛：断脚锅。

如水居第十首："极目弥漫水一方，水为国土水为乡。水中缚屋水围绕，水外寻踪水覆藏。水似禅心涵镜像，水如道眼印天光。水居一种真三昧，只许水知人厮当。"这首诗的奇特之处在于一连用十一个"水"字，诗眼在第三句"水似禅心涵镜像，水如道眼印天光"，无论是"涵镜像"还是"印天光"，都在强调"照"的功能，一心能够映照世间森罗万象，只要像平静的水面一般返照自己的内心，人人本具的佛性也就能完全呈现，自然"身心皎若琉璃，世界光如水月"。又如廛居第七首："山根水际我尝谙，特地移居逼闹篮。人影纷纭方杂沓，市声撩乱政沉酣。千楼灯火为标准，万井笙歌

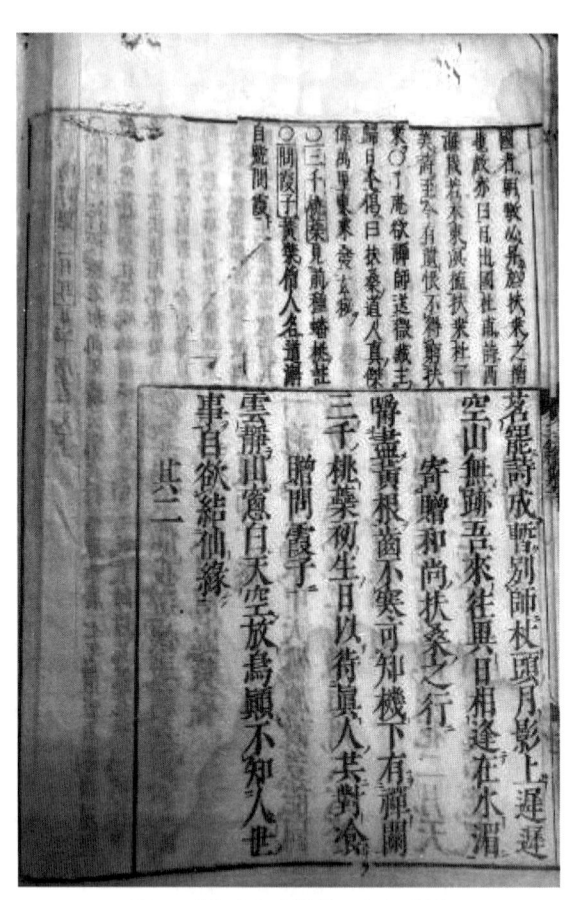

图 5 《寄赠和尚扶桑之行》书影

作指南。却喜头陀忘管带，无边法界是同参。""廛"指古代城市中的住宅，"廛居"指住在城市里边。对于高僧来说，修行不只是在山光水色之中，在五彩缤纷的城市中也能保持定力，那才是真修行。诗人写道，在已经熟悉了山水的生活之后，特定移居到城市中，面对城市中的"千楼灯火""万井笙歌"，要能够"管带"住心猿意马。为什么诗人偏说"却喜头陀忘管带"呢？并非不要"管带"，而是"管带"到十分纯熟

的境界，不需要特意去"管带"，甚至忘了"管带"，与孔子的名言"七十而从心所欲，不逾矩"表达同样的意思。

《三籁集》除收录石屋、栴堂、中峰的诗，附录部分还收录了传说是降乩仙人的无烟氏陈博的乩笔，其文辞优美、意境高远，并不逊于以上三老，其中有《寄赠和尚扶桑之行》："嚼尽黄根齿不寒，可知机下有禅关。三千桃蕊初生日，以待真人共对餐。"① 这首诗被视为"预言"，为江户时代黄檗宗发展过程中获得日本皇室、官僚的外护起到特殊的作用。

---

① 林观潮：《隐元隆琦禅师》，厦门大学出版社 2010 年版，第 255 页。1705 年，即日本宝永二年，灵元天皇敕令编撰的《桃蕊编》刊行。《桃蕊编》共三卷，由藤原韶光编，灵元天皇亲自作序。

四福寺

到日本长崎，想要参观黄檗宗寺院，导游一定会带你去参观赫赫有名的"四福寺"，为什么叫"四福寺"？因为这四个寺院的名称里恰好都有一个"福"字，它们就是东明山兴福寺、圣寿山崇福寺、分紫山福济寺和万寿山圣福寺。"福"字当中蕴含着浓浓的中华文化，长崎"四福寺"的创立，与江户时代往来长崎的华商有密切的联系。

江户时代的日本，奉行锁国政策[①]，这有两个方面的原因：一个是经济上的原因，幕府为了防止白银过量外流；第二个是政治上的原因，由镇压天主教引发的岛原之乱，严重冲击了幕府的统治。岛原之乱导致幕府的宗教政策发生重大变化，那就是对基督教、天主教的严厉管制以及对佛教、本土宗教的推崇承认。为什么幕府对待不同的宗教是两副面孔？原因很简单，前者日益强大对其统治造成威胁，后者恰恰有助于幕府的统治和管理。

[①] （日）全国历史教育研究协议会编：《日本史用语集》，山川出版社2014年版，第159页。锁国："为了禁制基督教、管控贸易，严厉禁止日本人渡航海外并控制外国船只渡日的政策。以1641年令荷兰人移居出岛为标志，锁国政策臻于完成。至1854年，只许可清朝、荷兰两国于长崎与日本人贸易。对朝鲜与琉球王国，只许可使节访日。'锁国'一词，最初见于19世纪初志筑忠雄的翻译；当时他抄译恩格尔贝特·肯普弗《日本志》中的其中一部分，并题以'锁国论'之名。"原文为日语，感谢倪霞协助翻译。

一、"四福寺"的兴建

锁国政策推行之后,长崎成为唯一的贸易港,这对往来长崎的华商产生影响。这些在海上贸易的华商也有自己的宗教信仰——海上保护神妈祖。海上波涛凶险,命运难测,经商虽然能获得巨大的利益,但精神上需依靠妈祖保佑以求得慰藉。朱德兰《长崎华商:泰昌号、泰益号贸易史(1862—1940)》一书在描写"妈祖祭"时,记录了一段长崎黄檗宗寺院与妈祖祭祀活动有关的文字:"江户时代唐船抵达长崎时,将妈祖像请下船,各自送往兴福寺、福济寺、崇福寺中的妈祖堂,及唐人屋敷的天后堂里供奉,此一'妈祖行列',时人称为'菩萨扬'。唐船返国时,从唐寺妈祖堂、唐人屋敷天后堂里请出妈祖,将神像送往船上安置的行列称为'菩萨乘'。'菩萨乘'的游行过程是,排在最前面的'香工'手提两个灯笼,香工后面有司锣者,司锣者后面有'直库'手持捆着红布的棍棒,直库后面有高举'天盖'的人,天盖下方是手捧神像者,其余唐通事、唐人番排列最后。'菩萨扬'队伍走到十字路口时,司锣者要敲打铜锣,司棒者要挥棒驱魔。妈祖行列浩浩荡荡颇为热闹,等待神像被安奉在妈祖堂、天后堂内后,'菩萨扬'活动才算结束。反之,'菩萨乘'行列也大致相同。"[①] 由此可见,妈祖是江户时代长崎华商心中第一位海上保护神。但由于妈祖是女性的形象,与天主教的圣母有相似之处,当时日本国内的宗教政策是严禁、取缔基督教和天主教信仰,所以最好的办法就是将妈祖像安放在佛教寺庙里边。

[①] 朱德兰:《长崎华商:泰昌号、泰益号贸易史(1862—1940)》,厦门大学出版社2016年版,第104页。

兴福寺、福济寺、崇福寺被称为唐三寺，唐三寺的创建是应往来长崎华商的需求。当时的中日贸易被限定在长崎港，许紫芬指出："来港的华商为了因应幕府基督教调查，回避政治性的宗教摩擦，自发性地建立唐三个寺，表明自己不属于基督教的门派……（唐三寺）由各帮别团体，亦即三江、福州、泉漳等地出身的商人所建立，住持也由同乡人担任[①]。首先，元和九年（1623）南京地方的船主建兴福寺（俗称南京寺）。继之，宽永五年（1628），泉州地方的船主建福济寺（俗称泉州寺，后又称漳州寺）。之后，宽永六年（1629），福州地方的船主们建崇福寺（俗称福州寺）。如此一来，长崎的华商之间，就有了三江（南京）帮、泉漳帮、福州帮，三个帮别的唐三个寺所形成的华商团体。"[②] 唐三寺与黄檗禅僧有密切的渊源，据长崎县文化观光国际部文化振兴课编辑的《长崎唐寺巡游》（2016 年）：1654 年隐元禅师初抵长崎住于东明山兴福寺；1655 年隐元弟子木庵性瑫入分紫山福济寺，该寺第七代住持大鹏正鲲出生于泉州，擅长水墨画；1655 年隐元入住圣寿山崇福寺，1657 年其弟子即非如一成为该寺住持。[③] 以上提到的唐三寺分别为兴福寺、福济寺和崇福寺，只有三个"福"。第四"福"圣福寺，直到 1678 年由开山和尚铁心道胖创建。铁心道胖的父亲是在福建漳州出生的华侨陈朴纯，母亲是日本人西村氏。圣福寺也并不由广东商帮捐建，因为那时长崎无广东商帮。那由铁心道胖创建的圣福寺为什么被称为广州寺或广东寺呢？

---

① 三江指南京。南京之所以被称为"三江"，是因为它在地理位置上是长江、秦淮河和金川河三条重要河流的交汇处。

② 许紫芬：《近代中国商人的经营与账簿：长崎华商经营史的研究》，远流出版事业股份有限公司 2015 年版，第 30~31 页。

③ （日）长崎县文化观光国际部文化振兴课编辑：《"隐元禅师与黄檗文化"日中论坛：从"纽带"•"感动"•"文化交流"而产生新的价值》，株式会社 LINK 2019 年印刷，第 41~43 页。

陈东华《广东会所与圣福寺》一文指出，原因在于幕府末期寺院财政困窘而广东商帮提供了巨额布施捐助："及至幕末，长期扶持圣福寺的长崎奉行所财力已衰微，赴长崎唐船数量亦锐减，寺院财政日渐困窘。广东帮的高额捐助诚如救世主，为圣福寺本堂和观音堂（也叫关帝堂或禅堂）的修葺提供了莫大的支持。"①

二、"四福寺"的经济功能与慈善功能

"四福寺"的创建为江户时代的华商提供了物质和精神的双重保障。寺院提供精神保障这一点容易理解，"四福寺"如何为当时的华商提供物质保障呢？一方面，往来长崎的华商是"四福寺"的施主、功德主，他们捐赠大量金钱和物资给寺院，保证寺院的建设与修葺。另一方面，笔者推测，寺院也为这些功德主们的货物提供寄存和间接管理，这个推测是基于当时的贸易船主写给寺院住持的信函。现藏于圣福寺、标号为"二十三番"，由船主谢廷修写给圣福寺住持铁心道胖的信（该信同时寄铁心修理、铁心和尚、松月院），内容如下："前送贵宝刹之物，今回棹在已，祈乞和尚细查，照数所该之银，可付井手仪石门，来人手收回为感，余容面谢不既，布此。"②信函的字面意思是货物已送到寺院，现在要收回"所该之银"，那这笔货物肯定不是捐赠物资，而是寄存待售的商品。随信函还附有二十三番船的货单，写给铁心和尚的货单已不存，写给铁心修理的货单包括："冰糖二篓，每篓二百三十斤。柏油三包，

---

① 陈东华：《广东会所与圣福寺》，罗晓红编：《日本长崎粤籍华侨史料选辑》，广东人民出版社2018年版，第330页。

② 文字及对应图片引自李湖江整理汇编：《黄檗宗珍稀文献荟萃》，宗教文化出版社2021年版，第489页。

每包二百斤。白罗三疋，每疋四疋。色缎三疋，每疋三疋。纱帐三顶，每顶八疋。丝线二件，每件十包，每包一斤。丝绵二件，每件二十斤。"写给松月院的货单包括："大纱二疋，每疋三疋。色缎二疋，每疋三疋。柏油二件，每件二百斤。䌷帐二顶，每顶八疋。丝线二件，每件十包，每包一斤。内乙顶不交来。"①

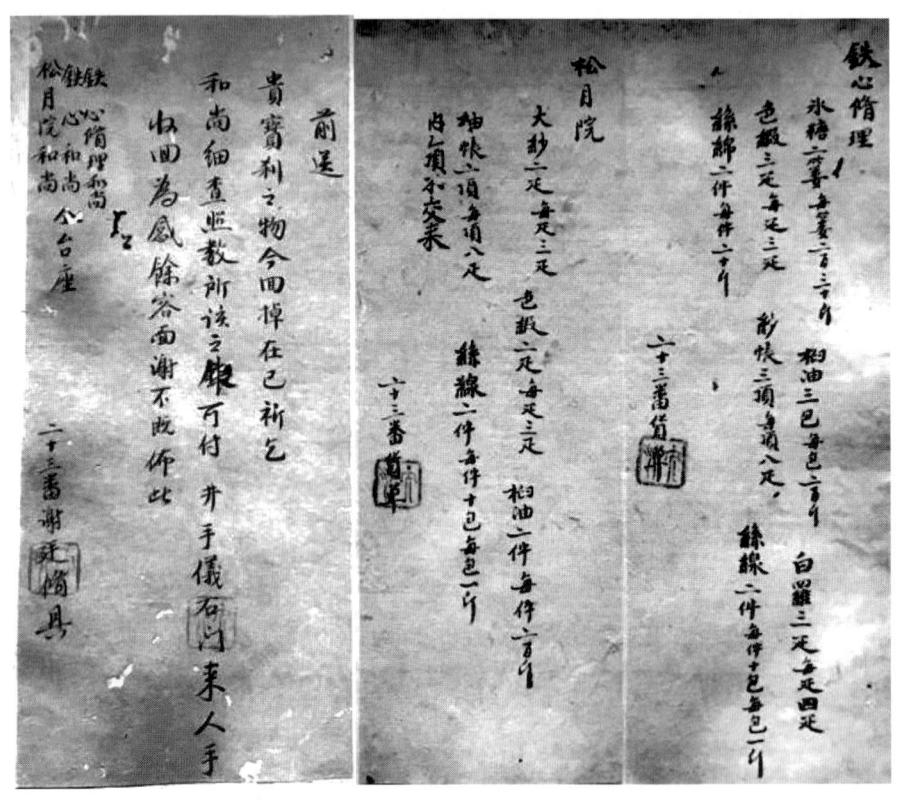

图6 "二十三番"船主谢挺修的信函

江户时代日本从中国进口的大宗商品主要有生丝、绢织物、棉织物、砂糖，货单上的货物与史料的记载完全相符。贸易商在赚取了利润

---

① 李湖江整理汇编：《黄檗宗珍稀文献荟萃》，宗教文化出版社2021年版，第488页。

之后，会进一步回馈给寺院，据研究长崎史的专家介绍，贸易商向寺院捐赠销售额的千分之五，这个数据尚需再次求证确认，但贸易商获利之后捐赠是肯定的，且应该是常例，只有这样才能促进双方的共同发展。作为黄檗宗寺院的"四福寺"不以营利为目的，但基础建设和后续的修缮仍然需要资金，大部分应该来自贸易商捐献。

江户时代黄檗宗寺院利用自身的资金和影响，在长崎兴办各种佛教慈善事业，令人印象最为深刻的是崇福寺的一口巨锅。长崎市教育委员会2017年的宣传栏上用日语、中文、英语三种语言介绍寺宝巨锅："1680年出现歉收，造成粮食不足，长崎也出现饿死人的情况。为了救济百姓，福济寺于1681年正月开始施粥舍饭。当时崇福寺内正在施工，无法施粥舍饭，所以自施工结束的9月15日起，由第四代住持千呆禅师开始在街上化缘，施粥舍饭。于第二年的1682年2月开始制作大锅，于4月14日完成，从锻冶屋町用车运到崇福寺，架在正殿前的灶上。据说在5月15日施粥舍饭结束。大锅口径六尺五寸（大约1.97米），深六尺（大约1.82米）。据推测是长崎的铸师、阿山家的二代弥兵卫铸造的。在大锅四周刻着'圣寿山崇福寺施粥巨锅天和贰年壬戌仲春望后

图7　长崎崇福寺寺宝巨锅

日'的字样。之后，大锅被移到现在的位置。"①

《圣寿千呆禅师语录》卷九记载，"乙卯年荒，师托钵施粥"，乙卯年当为1675年，这一年的施粥情况，语录里边有相关记载②：

> 师问别禅："你那里来？"禅云："施粥直日来。"师云："今日贫人多少？"禅云："四百九十九。"
>
> 师问侍者："今日几多众出山托钵？"云："十六众。"师云："好一队没神通罗汉。"者微笑。师云："信施丰寡？"云："米五包、钱数千。"师云："吃者多少？"云："千五百人。"
>
> 师因侍者施粥直日回，乃问："今日人数多少？"云："三千。"

可以推测，施粥实际上是长崎黄檗宗寺院的常例，每到年荒之时就会举办，受惠的人相当多，从一日约五百人至三千人不等。或许是由于1680—1682年的饥荒特别严重，所以崇福寺特意委托工匠造了这一口大锅，以接济更多的民众。大锅铸成之时，时任崇福寺住持千呆性安（1636—1705）禅师写有《施粥铸万人锅成志喜》一诗："昔日南泉亲打破，今朝寿岭铸圆成。天公雨兆丰年瑞，万姓歌谣乐太平。"③千呆性安为福建省福州府长乐县人，俗姓陈，嗣法即非如一，系隐元法孙。作为禅僧的千呆性安一方面在尽自己的力量救济受难的百姓，另一方面他也在内心里深切希望天公作美、时泰年丰、天下太平，使百姓过上安稳幸福的生活。

---

① 原文表达不够流畅，此处作了细微文字调整。
② 《圣寿千呆禅师语录》卷九，李湖江编著：《黄檗宗文献三种校释》，宗教文化出版社2019年版，第167页。
③ 《圣寿千呆禅师禅余草》，李湖江编著：《黄檗宗文献三种校释》，宗教文化出版社2019年版，第272页。

白鼠歌

动物在佛教中通常是作为譬喻，比如佛教通常用鸽子、蛇和猪来代表贪、嗔、痴三毒，具体指代对象有时候也有所变化。《黄檗开山隐元老和尚末后事实》一文记载，隐元禅师在晚年曾经用儭资买米布施给鸽子，每天到午刻必定亲自喂养布施，经常戏称说"老僧作个白鸽行堂"，甚至临终时听到云堂的梆子响，就呼唤"取米饲鸽"。隐元用白鸽比喻自己，当然就不是譬喻贪，饲鸽代表仁慈之心。

一、"二鼠侵藤"譬喻与《白鼠歌》

佛经中也会出现老鼠的形象，《宾头卢为优陀延王说法经》中有一则名为"二鼠侵藤"的故事：一人在旷野中行走，一只凶恶的大象在后边追赶，人看到一口井，沿着井边的树藤爬入井中躲藏，这时有黑白两只老鼠，用牙齿撕咬着树藤的根部，井的四边有四只毒蛇想要咬人，井底下有三只毒龙看着猎物，树根摇动的时候，树枝上有蜜落入口中……故事中的旷野、大象、井、树藤、毒蛇、毒龙都是譬喻，单说黑白两只老鼠，黑色老鼠譬喻夜晚，白色老鼠譬喻白天，老鼠咬树藤根譬喻人的每个念头的生灭。老鼠有时也象征财富或祥瑞。《新纂校订隐元全集》中录有一首《白鼠歌》[①]，原文如下：

岁丙午仲冬十有三日，系大雪节，届正天运洪钧，一阳初泰之令。昨夜子时过候，天雨瑞雪应吉。黎民仰瞻，四山叠玉、大地铺银，诚太平丰稔之象。莫非君圣臣贤、德泽临民之所致也。遂援笔聊述拙偈。识喜书未卒章，有行者在厨得一瑞鼠以献。老僧目之，通身一片白玉之色，两眼铜睛直放金光之状。双耳竖立，大有灵聪之听；五爪锋芒，悉具全威之德；独踞安然，无有怖惧之相。观者莫不称赏希奇，咸谓有吉庆之兆。余默畴之，物我无二，瑞应有方，灵物现瑞，草木呈祥。信夫人和天遂，道聚法乐之验，抑见松堂一众雅谊，以遂益壮之风。乃作歌识之，庶不负师资一会之庆也。

大雪至，应瑞期，年丰道泰不思议。
由来觑破尘劳梦，洁净身心独自持。
阴消尽，阳升时，洪钧运转无差移。
万物尽萌未发旨，一心了彻鉴无私。
竖两眼，展双眉，返照金刚般若基。
老来松下长安逸，慎终如始不吾欺。
审物我，兆数奇，去年此际产双芝。
九重舍利耀宗眼，五彩文明彻四维。
今现瑞，白鼠儿，重重呈吉最希奇。
家国祯祥现此物，宗门大振复何疑。

[①]（日）平久保章编：《新纂校订隐元全集》，开明书院1979年，第4152~4154页。

遂晚景，契真知，两足尊前露兆规。
我不昧物肝胆赤，物无负我迅风驰。
增民福，只在斯，感应道交起凤池。
人天瞻仰叹希有，聊赋诗歌应便宜。
不日门头悬灵彩，方知老倒语无枝。①

二、解读《白鼠歌》

  1666年农历十一月十三，天降大雪，民间俗语云"瑞雪兆丰年"，在隐元看来，这预示着太平丰稔。然而祥瑞却不止一种，"天降瑞雪"之外还有"厨现白鼠"，在中华传统文化里面，老鼠系吉祥动物，象征子孙繁茂，隐元禅师的这首白鼠歌显然隐喻宗门大振、法脉久远。从1654年东渡以来，隐元禅师先后弘法于长崎兴福寺、崇福寺，一开始引起巨大的轰动，曾吸引大量日本禅僧前来学习，之后前往妙心寺的末寺摄津普门寺，未曾料想在妙心寺遇到反对的声浪，乃至在普门寺受到软禁，这是他日本弘法道路上的一大挫折。后来依靠自身的德行与威望，获得德川幕府的支持，1661年在京都宇治受地开辟新黄檗，又过去了五年。这五年来经历了一些重大或有特殊意义的事件，这些事件曾触动他的心灵。第一，师父费隐通容圆寂。隐元受法于费隐通容，传临济宗法脉，感念师恩其重如山，据《年谱》载，费隐老和尚的讣音传来，隐元很长时间都说不出话。隐元曾写过诗《怀本师和尚》："师资道重逾乾坤，朝暮沉思撼海门。聊向潮音通线脉，忽伸浩气澈洪恩。几回梦拶机

---

① 觑破：看破。金刚般若：像金刚一般坚固的智慧。舍利：灵骨、坚固子。两足尊：佛的尊号，又指佛福慧两足。

前活，数四吹嘘格外尊。三顿酷情无处雪，千秋遗恨旧疮痕。"从中能感受到隐元怀念师父的恩情。第二，弟子们的成长。如日本籍弟子龙溪性潜受请入皇宫为后水尾法皇说法使他感到欣慰。又如即非如一从长崎崇福寺赶来省觐，与木庵性瑫分立两堂首座，左膀右臂一时聚齐，令隐元感到欣喜，接着他将宇治万福寺住持之位传给木庵禅师，法席后继有人。但祖庭福清万福寺住持弟子慧门如沛的圆寂又让他黯然神伤，所幸有虚白性愿接席担任住持。又如法孙惟一道实精进修行、刺血写经也得到他的肯定。第三，宇治万福寺建设工程日益完善。国主赐予僧粮，居士布施黄金，法堂、精舍、佛菩萨祖师像、放生池等陆续完工，京都宇治黄檗山万福寺呈现出一派人才济济、欣欣向荣的景象。

隐元禅师联想到前一年发生了两件事。

第一件是后水尾法皇赐佛舍利五颗并贮以宝塔，又赐金建舍利殿。他在《白鼠歌》诗中写道："九重舍利耀宗眼，五彩文明彻四维。"舍利是佛荼毗之后所留的灵骨，高僧荼毗之后也有舍利，据佛典记载有三种颜色——白色骨舍利、黑色发舍利、赤色肉舍利，被认为是由于在戒定慧方面的修持足够高深，所获得的功德力凝结而成。舍利可以说是佛教的圣物，是每个寺院的镇寺之宝。更何况这舍利是由后水尾法皇亲自赐予的，不但赐予舍利，还布施黄金建舍利殿，隐元禅师深受感动作偈颂进谢。日后，舍利殿也成为隐元禅师经常登临之地，每每留下诗偈。他还一连写下七首七言诗应和后水尾法皇的《佛舍利赞》，其一为："玉音忽振应空山，舍利重光照世间。一旦林峦增瑞彩，晚年金碧显鳞斑。愧无道业承天宠，幸有余龄仰圣颜。聊阐单传微笑旨，用心寸答庆时闲。"[1]亦可看出，隐元禅师十分感念后水尾法皇的知遇之恩，没有日本

---

[1] 单传微笑旨：指灵山会上佛陀拈花，迦叶尊者破颜微笑，在这微妙的瞬间完成禅法的传承。

皇室的支持，来自异国的佛教宗师很难稳固地在当地扎下脚跟，遑论进一步发展壮大、法脉流布于四方。话又说回来，能受到日本皇室的尊崇，也是因为隐元禅师崇高的德行和精深的修持感动后水尾法皇，所以得到垂青。该诗创作于《白鼠歌》三年之后。

第二件是此地突然出现两株灵芝。灵芝向来被视为仙家之物，不是凡品。元岳林栯堂禅师山居诗云"霞西道者眉如雪，月上敲门送紫芝"，隐元法孙梅岭道雪在《三籁集》中曾为该诗作注："紫芝：《本草》云：'紫芝，味甘，保神益精气，好颜色，久服轻身不老。'故徐曰：'瑞，服之神仙。'又有青黄赤白黑之芝。陶隐居云：'皆是仙草之类，俗所稀看。族种甚多，朽树木株上生，状如木檽。'商山《采芝歌》云：'漠漠高山，深谷迤逦。晔晔紫芝，可以疗饥。'"①无论是药用价值，还是其象征意义，灵芝都被冠以夺目的光彩，尤其是后者，凭借灵芝的出现，可以将世俗之人与神圣世界联系起来，灵芝成了人通往神的纽带，由此在百姓的心中具有特殊的意义，禅师自然深通此理，借机引导信徒看破尘劳妄想，洁净自己的身心，领悟佛教般若空性的至高境界。"灵芝"题材常见于黄檗宗僧人的传记或诗作之中，不但隐元禅师于诗偈中提及，其晚辈弟子们也不乏赞颂之辞。《广寿即非和尚行业记》记录了即非如一禅师的一则事迹：

> 戊子春，义兵围城，母老病将死，师时掌记檗山，不避剑戟，直抵亲舍。祷佛天，刳胸而疗立瘳。诸绅士议行旌举，师极辞曰："我佛有言，善男女于一劫，每日三时割自身肉，以养父母，而未能报其一日之恩，况我此身从父母生，合从父母舍，即舍千百身供

---

① 李湖江整理汇编：《黄檗宗珍稀文献荟萃》，宗教文化出版社2021年版，第48页。

养，亦本分事，其可因此以为名耶？"方外诸交若乾庵陈公等三十余位，皆感叹，赠以诗卷。谢之，还山，其记室俄产灵芝大如盆瞻。后堂见而贺曰："是公孝念所感，异日道必显著。"漳南道周经由福清，为篇序以称美之。①

这则事迹的重点是即非禅师割肉为母疗病，母亲因此痊愈。不管疗效本身如何，这在古代被视为大孝，作为大孝行，感应道交，即非禅师的记室长出大如盆的灵芝。这种孝行也受到世俗的称赞，著名官员黄道周就为此而赞叹。灵芝出现，被视作即非禅师的孝行的确配得上这样的赞誉。

即非禅师的弟子千呆性安禅师作过诗偈《纪灵芝》："福地钟灵芝草生，寿山瑞气启文明。天台五秀兆斯日，吾道并将皇道亨。"诗前引文提到："广福后冈乃先师火浴之台，庚申年忽产灵芝数茎。园丁无知，锄而弃之。后执事者往观，始识其瑞草矣。时诸子皆有诗记其瑞，适予在黄檗守祖塔期满，往尾州东轮寺，为先师设开山牌位，承州主款待，礼意隆重。事毕还山，闻其事甚喜，以事忙无暇记及。至辛酉壬戌，又产数茎，其色红紫，新鲜可人。众咸目之，实旧产之处。噫！崎之产芝实圣寿始……"②"圣寿"指即非禅师，在其荼毗火化之地长出灵芝，锄后又长，象征寓意则同前。

无论是天降大雪，厨现白鼠，或是地产灵芝，都属于瑞相，在佛教徒看来，这三种瑞相系天赐。御赐舍利虽是人赐，但后水尾法皇毕竟是皇帝，所赐又是佛教圣物，其意义自然不同寻常。所以隐元禅师称"人

---

① 李湖江整理汇编：《黄檗宗珍稀文献荟萃》，宗教文化出版社2021年版，第145页。
② 李湖江编著：《黄檗宗文献三种校释》，宗教文化出版社2019年版，第274~275页。

和天遂，道聚法乐之验"，《白鼠歌》反映了隐元禅师的内心世界与外在世界的互相呼应，表达了隐元禅师对黄檗宗未来充满光明的期待。此外，诗句中的"增民福，只在斯，感应道交起凤池"，反映隐元禅师的民生主义与众生平等的思想，无论是皇亲贵族，还是平民百姓，隐元禅师都为他们祈福，待到家家"门头悬灵彩"，即使自己"老倒语无枝"，又有什么关系呢？禅者光明磊落的胸襟由此可见。"门头悬灵彩"有双重含义：一者实指，表示生活幸福快乐；二者譬喻，眼、耳、鼻、舌、身、意六根，也叫"六门"，"悬灵彩"喻指开悟、顿悟。"老倒语无枝"的另一层含义则是"言语道断"，说的是"道"的最高境界，不可以用语言来表达。

千字文

1671年为日本宽文十一年，这年的十一月初四为隐元禅师的八十诞辰。南源性派编《黄檗开山普照国师年谱》记载了当日的情形："仲冬，师诞辰，嗣法门人暨四方硕德各以诗文为祝。师感其诚敬，述《耆龄答响》一卷。词源滚滚，无异盛壮时。"[1] 这天，众弟子纷纷撰写诗文贺寿，法孙高泉性潡撰写了《庆诞千字文》，该文的开头交代了作文缘起："宽文十一年岁次辛亥黄钟月，大成至圣文宣王降生之辰恭逢黄檗山万福禅寺，开山第一祖上隐下元老和尚八旬华诞谨献此以寿，伏希印可。"这篇《庆诞千字文》气势磅礴，概述了隐元禅师在中日两国弘扬佛教、化度众生的事业和功勋，下面将该篇按其内容分为若干小节，作简要解释。需要说明的是，本文并非逐字逐句的忠实转译，而只是略翻其大意，其中也包含笔者所发挥的见解。

乾坤混沌，太始未形。两仪既判，日月昭明。
森罗品类，次第互成。爰有神圣，托迹现生。
统赞玄黄，化育黎氓。唐虞施教，懋德纯诚。
画牢结政，六合升平。臣伏羌狄，罔费甲兵。

---

[1] 李湖江编著：《黄檗宗文献三种校释》，宗教文化出版社2019年版，第32页。

《庆诞千字文》开篇从宇宙开端讲起,《易经》中说"太极生两仪,两仪生四象",《道德经》说"道生一,一生二,二生三,三生万物",这些思想资源也融入高泉性潡的文中。在中国古代文化典籍当中,神圣人物的出生往往被赋予各种异象,因为他们的使命是治理国家,教育百姓。唐虞,是唐尧与虞舜的并称,在他们的统治下天下太平,周边少数民族政权自然臣服,根本不需要用兵。

已而夏发,时盛物盈。百家诸子,朝野纵横。
其间辙具,鄙都浊清。譬夫壹水,常别渭泾。
又如株树,恒见凋荣。必然之势,乌足讶惊。
惟余释氏,实莫与京。汉梦以往,斯道渐亨。
及彼嵩岳,悯世迷情。杜言傫壁,遐迩垂名。
①浡沱迸出,遍界流行。辗转授受,弥昌益馨。

最初推行禅让制,尧把政权传给舜,舜把政权传给禹。禹把政权传给儿子启,于是夏朝建立,中国开始"家天下"的历史。学术思想方面则出现百家争鸣的盛况,不同的思想见解泾渭分明、此起彼伏、众说纷纭。高泉性潡此时笔锋一转,提到在汉代,佛教传入中国,逐渐流传开来。

一、隐元东渡之前

《庆诞千字文》前半部分描述的是隐元东渡之前的情形。

---

① 浡沱:佛陀。

童山崛起，双径峥嵘。抽钉拔楔，电拂雷轰。
卅二传付，值我大父。福省伟才，邓林翘楚。
襟度汪洋，状貌魁伟。虽在尘寰，了无少取。
薙发离乡，咸推千蛊。试手参方，措意希古。
躬践头陀，庶务旁午。岁序浟更，宁惮疲苦。
揣邃穷深，忍寒耐暑。

禅宗临济一脉传至天童山密云圆悟禅师，密云圆悟又传至费隐通容，"双径峥嵘"指这两位禅师禅法高妙，为学人答疑解惑，手段高明。费隐通容再传至隐元隆琦，法脉前后传付三十二代。黄檗希运传法给义玄和尚，义玄和尚开创临济宗，从义玄到隐元的法脉传承图如下：临济义玄—兴化存奖—南院慧颙—风穴延沼—首山省念—汾阳善昭—石霜楚圆—杨岐方会—白云守端—五祖法演—圆悟克勤—虎丘绍隆—天童昙华—密庵咸杰—破庵祖先—无准师范—雪岩祖钦—高峰原妙—中峰明本—千岩元长—万峰时蔚—宝藏普持—东明慧旵—海舟普慈—宝峰明瑄—天琦本瑞—无闻正聪—笑岩德宝—幻有正传—密云圆悟—费隐通容—隐元隆琦。隐元隆琦是福建禅林的翘楚，出家之后参访四方，精进修行，不辞劳苦。

颖悟超伦，繁禧天予。际会匠师，执弓张弩。
立抵箭锋，均分宾主。印记首承，飘飘高举。
卜筑狮岩，卓荦独处。钁雾耕烟，采薪凿圃。
伴无考槃，谁堪俦伍。俄启檗峤，鼎新绀宇。
昕夕拮据，肃严规矩。显焕崇阿，力不下禹。
领众匡徒，拈椎竖尘。检阅琅玡，奋跃鳞羽。
销殄魔军，奔趋缁侣。挑剔佛灯，沾濡甘雨。

舌卷峡波，牙蹲义虎。眼辨薰莸，胸绝城府。
保社栋梁，八闽旗鼓。左右鲲鹏，绍芳接武。
各乘旋飚，翱翔鼓舞。美誉嘉谟，簸飏异土。

隐元禅师天资聪颖，又遇到合适的师父，机锋交接，得到印可。接着独自在狮子岩艰苦修行。之后受请担任福清黄檗山万福寺住持，建设寺院，订立清规，领导众弟子修行佛法。隐元禅师有雄才机辨、远见卓识以及深刻的洞察力，不愧为丛林中的栋梁之材，成为八闽禅林的旗帜。木庵性瑫、即非如一成为他的左膀右臂，协助弘扬佛法。隐元禅师的美名远播到海外。

二、隐元东渡之后

《庆诞千字文》后半部分描述隐元东渡之后的社会活动及影响。

遥聘币书，应机默许。折苇涉涛，靡辞艰阻。
登岸亡何，掀翻宝所。黑白毫倪，竞称鼻祖。
谀诹闇茸，曷敢厮侮。昉自王公，迄至商贾。
景星凤凰，争先快睹。亢旱得霖，婴儿遇乳。
三徒选场，阐扬妙语。阴翊皇纲，谁曰小补。
逮谒元戎，将返吾融。

隐元禅师先后三次收到长崎兴福寺住持逸然性融的聘书，被其诚心所打动，终于许可答应东渡弘法。鲸涛万里，凶险万分，隐元弟子也懒性圭曾先其受请东渡，但逝于海难，所以隐元东渡亦有"子债父还"的因素。在日本弘法期间，隐元受到王公贵族、商人百姓的推崇，他们遇见隐元就像久旱逢甘霖、婴儿遇到母亲一样。隐元先后在长崎兴福寺、崇福寺、摄津普门寺讲法，对于提高当地民众的文化素养颇有功绩。隐元原本希望在见过幕府将军之后，回到故乡玉融（即福清）。

留惋剀切，舍地洛东。并输僧膳，特命开宗。
乃诛荆莽，积料营工。危楼涌殿，轮囷摩空。
雕甍绣闼，抹绿铺红。轩窗栏楯，表里玲珑。
屈伸臂顷，封建厥功。四来瞻瞩，疑堕梵宫。
陛堂据座，咸撼苍穹。单提铁棒，挞象鞭龙。
扶括英杰，策发懦慵。敷演毗尼，启迪颛蒙。
惠垂幽壤，泽被昆虫。投闲卸担，休隐万松。

由于日本方面的恳切挽留、幕府施地，隐元在京都宇治建设黄檗山万福寺，称"新黄檗"。护法居士运来西域木材，精心建造，殿堂宏伟，亭台楼阁都十分精妙。四面八方来瞻仰的人，都怀疑自己走进梵宫。隐元的精深修持与崇高威望受到日本后水尾法皇的仰慕，后水尾法皇拜隐元的日本弟子龙溪性潜为师。隐元在日本大力弘扬临济宗黄檗派，举办三坛大戒法会，使日本佛教的面貌焕然一新。1664年，隐元七十三岁时，他将京都万福寺住持之位交给弟子木庵性瑫禅师，退居松隐堂。

扃门谢客，铲彩潜踪。庞眉皓顶，鹤骨酡容。
吐纳风雅，韫叶巨镛。舒徐謦欬，响震群峰。
操觚染翰，气壮心雄。连篇累帙，散漫禅藂。
匪事掇拾，尽泄怀中。宜入藏典，悠久弘通。
依稀澄观，仿佛慧洪。声华巨掩，上彻九重。

于兹数稔,感动宸衷。降旨问法,褒奖丰隆。
每膺颁赐,旃檀设利。窣堵奎章,马蹄御器。
计指前后,恩光孔炽。盖系曩昔,克念修因。
禀廉守约,信友顺亲。怜孤恤寡,赒急资贫。
尊贤敬老,睦里善邻。驱邪辅正,造士安民。
滋养般若,合慕能仁。报缘令熟,喻卉临春。
非增培莳,触目全真。节界仲冬,暖律初复。
珂雪凝祥,庭梅破玉。瑞鸟仙禽,赓歌奏曲。
觇此佳期,甫坠母腹。且喜耋龄,阖邦庆祝。

退隐之后,隐元禅师闭门谢客,潜心修行。他鹤发童颜的样貌、文辞典雅的语言,受到人们的赞颂。他的书法作品气势雄伟,被誉为"万里一条铁"。他写下许多诗偈,在僧众中流传。隐元禅师的语录也被收入藏经。就像唐朝的澄观国师、北宋名僧慧洪觉范一样,隐元的声望传播到日本皇室。后水尾法皇借龙溪性潜之口问法于隐元禅师,获得开示之后,给予隐元各种赏赐。赏赐中最为珍贵的是五颗佛舍利,后贮于宝塔。隐元禅师在日本获得的恩宠是前所未有的。高泉性潡指出,这都是由于隐元禅师在过去种下许多善因——孝顺、诚信、救济孤苦、与人为善,当果报成熟,上天也显示各种瑞相,因而八十寿诞时,所有人都为他庆祝。

霞拥云屯,川臻麇逐。晋果献花,呈词捧牍。
或颂冈陵,鱼图竹石。灵蔡蟠桃,桑田海屋。
摅悃倾葵,金攒锦簇。稽颡燃香,环匝猊床。
喧阗络绎,眷恋弗忘。仁聆渊诲,似渴思浆。
苟获只字,珍逾圭璋。顾潡劣智,忝尸孙位。
滥沐鸿慈,长存愧畏。拟答涓埃,末由孚遂。

幸遘良辰，微申素志。述是千文，略叙奇勋。
冀贻奕代，用广洽闻。猗歟知识，寿量胡极。
欲较边涯，奚殊蠡测。假使点人，满阎浮国。
泰岱作毫，沧溟为墨。等殑伽沙，究竟难写。
说甚庄骚，焉哉乎也。

来庆祝的人很多，他们用各种方式来表达敬仰：或者敬献水果与鲜花，或者写作诗文贺寿，或者敬呈书画作品……络绎不绝、热闹非凡。他们就像渴极的人想喝水一样，希望聆听到教诲，即使只言片语，也当作最稀有的珍宝。最后，高泉性潡写道，自己作为法孙感到惭愧，没有什么可以报答恩德。遇到这个良辰，就撰写这篇《庆诞千字文》来叙述隐元禅师的功德。然而隐元禅师的功德何其广大，即使用泰山作笔，沧海为墨，那也是写不尽啊！《庆诞千字文》最后的落款为"法苑不肖嗣法孙性潡高泉焚香稽颡百拜撰"。

图8 高泉性潡《庆诞千字文》

图片出处：(日)富士正晴、安部禅梁：《古诗巡礼京都9万福寺》之彩插，株式会社淡交社1977年版，第74页。

独立信札

独立性易（1592—1672），俗名戴笠，字曼公，于明末东渡日本，晚年出家拜隐元隆琦禅师为师，圆寂后安葬于京都宇治黄檗山万福寺。独立性易由儒入佛，擅长医术和书法，据《黄檗楚州禅师语录·题独立禅师遗墨后》载："禅师西湖人，晋戴安道之后云，夫高士之后，而业儒，儒而归佛，可谓大丈夫矣！其书笔力遒劲，妙尽造化之征，岂临池家所能仿佛？噫，士大夫徒以善书称之，不知其发于秉贞励掺之所蕴也。虽然非纯一精练之功焉，能至是哉。"长崎历史文化博物馆"渡来黄檗僧の書画"特展中有一幅独立性易的真迹，文字辨识如下："斗酒忘言良夜深，红萱露滴鹊惊林。欲知别后思今夕，汉水东流是寸心。独立书。"辛弃疾曾有诗作《满江红·汉水东流》劝勉友人破敌立功，独立性易的诗应亦有此意，根据相关历史文献推断，独立性易此诗所致友人很可能是朱舜水。首句"斗酒忘言良夜深"说明此诗作于其出家之前，因为出家之后黄檗宗禅僧不能饮酒。

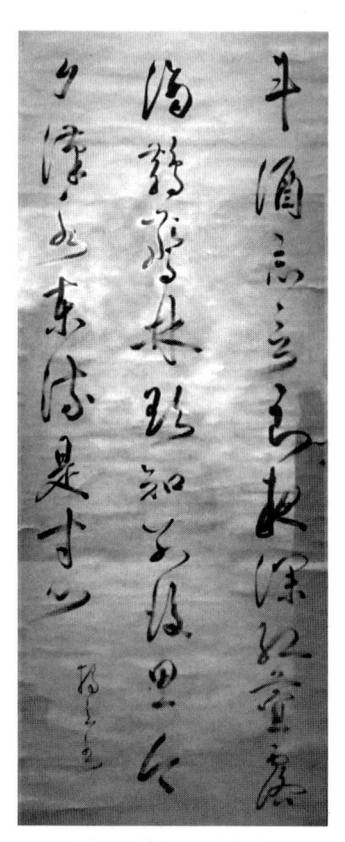

图9　独立性易书法

独立性易寓居日本期间结识大儒朱舜水及其开门弟子安东省庵，与他们之间有书信往来，这部分信札收录于朱谦之整理的《朱舜水集》以及徐兴庆编著的《天闲老人独立性易全集》中。两相对比，徐兴庆编著的《天闲老人独立性易全集》收录信札更多，现通过信札资料简要分析独立性易寓居日本期间的思想及其活动，所采信札均取材于上述两部著作。

一、独立性易与朱舜水往来信札

《朱舜水集》中收录有独立性易写的《跋安南供役纪事》以及朱舜水的《与独立书三首》《答独立书》，说明他们之间的交情匪浅。独立性易结识朱舜水经由居住在长崎的华侨陈明德。释东初所著《中日佛教交通史》中介绍了这个背景："当清兵陷南京，福王被俘，薙发令下，江南震扰。曼公时年五十，兄弟凋零殆尽，岌岌孤危，仅以医糊口。然犹与诸名士遗民往还，列名于吴江之惊隐诗社。一六五三年，顺治十年春，粤人有劝以桴浮海，快涤胸襟者。发帆，三月抵长崎，时日本承应二年。寓居陈明德家，陈号颍川居士。陈氏亦杭州人，长于医术，为人坦白，恤济贫乏，眷怀故国，同有光复祖国之志……是年余姚朱舜水亦至日本，亦居陈家，与曼公晤，唯不久复返华。"[1] 该书还援引了日本人对独立性易的评价："知其学术主洛闽，文章经不逊朱舜水，势不得已而入释氏。其忠愤义烈，足以照耀后世。"[2] 可以看出，独立性易和朱舜水同为明朝遗民，志向相同，又于同年抵达日本，同住在陈明德家中，两人才学亦相当，因而产生深厚的交情。

---

① 释东初：《中日佛教交通史》，东初出版社1985年版，第657页。
② 释东初：《中日佛教交通史》，东初出版社1985年版，第658页。

据徐兴庆编著《天闲老人独立性易全集》，独立性易与朱舜水往来信札可分为两个部分，一部分是独立性易写给朱舜水的信，分致函与答书；另一部分是朱舜水写给独立性易的信，亦分致函与答书。整理如下：

独立性易写给朱舜水的信有六封。第一封《致朱舜水函》的落款时间为1658年10月以降，解释自身出家原因，赞叹朱舜水建立千载勋业。第二封《致朱舜水函》的落款时间为1659年2月以降闭关期间[①]，强调耕织之功用，提倡孝悌忠义；引《高僧传》说明出家僧应该自食其力；遭同门猜忌排挤，至幻寄山房与逸然性融辛苦营生，生回国之心。第三封《答朱舜水书》的落款时间为1662年4月15日结夏之前[②]，解释自己处于闭关期间，无法与来长崎的省庵见面，因而致歉，请求转达。第四封《答朱舜水书》的落款时间为1662年，与独健性乾谈及因日本国禁而无法去京都黄檗山，胸中不快作《五禽言》诗，请求指教并转达省庵。第五封《答朱舜水书》的落款时间为1665年6月，解释不能见面的原因是"四五日来隔江禅友设供招游"。第六封《致朱舜水书》的落款时间为1665年9月下旬至10月上旬之间，为各种原因互不相见而遗憾，知晓朱舜水江户讲学顺利而欣喜；应岩国领主之聘奔波就诊，又急于到丰州与即非如一见面而患眩晕。

朱舜水写给独立性易的信有五封。第一封《答独立书》的落款时间为1662年5月10日，赞叹独立赠省庵的诗作，遗憾因独立禁足而不能见面。第二封《与独立书》的落款时间为1662年，讲述自己不轻易赞叹他人；评价《三教平心论》；赞叹独立的论著"当为儒释立一标准"。

---

① 闭关：禅林用语，闭居修养道念。
② 结夏：指结夏安居，"即在夏季的三个月中，僧徒们不得随便外出，以便致力于坐禅和修习佛法"。参见陈义孝编：《佛学常见词汇》，佛陀教育基金会2018年版，第272页。

第三封《答独立书》的落款时间为1662年，阐明自己不走出家为僧的权宜之计；认为独立出关回国是一件美事，届时或可为方外之交。第四封《答独立书》的落款时间为1665年6月，表达咫尺天涯不知何时能见面的遗憾。第五封《与独立书》的落款时间为1666年5月以降，责怪独立以结夏为辞而不见面，请求独立协助觅一通事，讲述德川光国的殷勤招待。

从来往信札可见独立性易与朱舜水两人互相关心的深厚情谊，信札中还提到一个共同的友人——"健翁"，据徐兴庆《"儒、释、道、医"的中日文化交流——从戴笠到独立性易的流转人生》一文介绍，"健翁"是指1610年赴日的浙江绍兴府人陈九官，后改名颖川官兵卫，曾任唐通事，1655年随隐元出家，法号独健性乾。[①]

出家之前，独立性易原本是儒士，迫于形势而出家为僧，甚至还劝朱舜水以出家为权宜之计，遭到朱舜水的拒绝，但这丝毫不影响他们之间的友谊。两人曾围绕儒释异同有过笔谈，其中一封《朱舜水与独立书》中提及《三教平心论》："《三教平心论》，其学亦博，机亦敏，舌亦利，以弟愚阅之，未必出于赝作。赝作者无此才，无此识。设使有此才识，又必不肯寄人篱落，必自开壁垒，与人旗鼓相当。即曰以儒攻儒，如以夷攻夷之法，是又不然。久矣，儒教凌迟，释教横肆。既已援儒而入于墨，又何必推墨而附于儒？今日即使更有昌黎数辈，恐亦难障东之之百川……"[②]朱舜水与独立性易所讨论的《三教平心论》一书，据任继愈主编《佛教大辞典》介绍，系："佛教论著，元至治年间（1321—

---

① 徐兴庆编著：《天闲老人独立性易全集》，台湾大学出版中心2015年版，第28页。

② （明）朱舜水著，朱谦之整理：《朱舜水集》，中华书局1981年版，第56页。

1323）刘谧撰，二卷，是一部以佛教观点论述儒释道三教理论、作用和地位的著作。全书不设章节和标题，在文句上连成一气。书中对道教王浮作《化胡经》和法琳著《破邪论》进行批评，并突出批驳了韩愈的《原道》《谏迎佛骨表》和傅奕的《上废省佛法表》，而对柳宗元'学佛'大加赞扬。故虽以'平心'相标榜，实际倾向佛教。见载于明《北藏》、日本《大正藏》。"[①] 慈怡主编《佛光大辞典（增订版）》介绍该书："作者以儒释道三教之论争，千百年来，是非纷然，故特著此论以明辨之。初言三教皆为止恶行善之法，而佛以治心，道以治身，儒以治世，不可偏废；次言三教之极功（结果）有浅深之不同，故教有广狭、久近之别，以儒道二教为世间法，佛教则始于世间法终于出世间法；后则力驳唐之傅奕、韩愈之说，又举出宋之程明道、朱熹、张横渠、程伊川等之主张而论破之。"[②] 对于刘谧的《三教平心论》，朱舜水认为从书中可以看出作者的才华，但是作为儒者的代表人物，朱舜水对刘谧持批判的态度，他在信中说："刘谧言伪而辩，记丑而博，润非而泽，行僻而坚，难乎免于君子之诛矣。"[③] 独立性易对《三教平心论》亦有自己的看法，特别是从儒到释这样一种身份上的转变，使得他的观点更加圆融，其态度并非纯粹儒者式地批判佛教，当然也不会站在佛教的对立面反批儒教。因为信札的丢失，独立性易的原话我们已经读不到了，但是从朱舜水的评价中，我们可略知一二："鸿论深入浅出，切中事机，据理辩驳，虽有利口，无所复置其喙，不偏不徇，当为儒释立一标准，固不朽之作也。"[④] 显然，独立性易对于他所处时代的佛教是不满的，他认为出家僧众应该

[①] 任继愈主编：《佛教大辞典》，凤凰出版社2002年版，第105页。
[②] 慈怡主编：《佛光大辞典》（增订版），佛光文化事业有限公司2014年版，第828页。
[③] （明）朱舜水著，朱谦之整理：《朱舜水集》，中华书局1981年版，第56页。
[④] （明）朱舜水著，朱谦之整理：《朱舜水集》，中华书局1981年版，第57页。

自食其力，强调耕织是巩固社会的基础，提倡孝悌忠义，他的思想处处打着儒家的烙印，也因此博得朱舜水的赞赏。

二、独立性易与安东省庵往来信札

安东省庵（1622—1701），原名安东守约，省庵是他的号。安东省庵是朱舜水在日本的开门弟子，有这样一层关系，作为朱舜水挚友的独立性易结识安东省庵也是自然而然。不过据徐兴庆书中的记载，安东省庵与独立性易的结识是通过陈明德，那时独立性易还没出家，俗名戴笠，时间是在日本承应三年（1654年）二月，相识地点是在长崎。三月回京途中，安东省庵还写了一首诗《离乡途中寄戴陈二翁》，同时赠送戴笠和陈明德，表达了深切的思念之情。①《省庵先生遗集》中还收录有《酬独立师见寄六首》，其中之一写道："避乱江湖节操孤，一声对影更相呼。忠心变姓不降贼，休道淄流异我儒。"②这说明安东省庵对独立性易的身世相当了解，他也渴望向独立性易学习，首赠独立的诗中就有"何当重对榻，问道启昏蒙"之语。在一封推测写于1656年的信中，安东省庵谈到自己对儒学的体悟："窃惟道之全体，备乎《大学》首章，读者舍日用常行之事，驰心性理气之高，异论纷纷，卒使学者莫知所适从。盖明德人所同得，工夫只在上一明字也，明之之术，亦在格物穷理而已。世之志此者，或舍近趋远，或拘泥训诂，是以不入空虚，竟为支离。因想《学》《庸》《论》《孟》之发端，皆是下学上达之事，未有下不学而直

---

① 徐兴庆编著：《天闲老人独立性易全集》，台湾大学出版中心2015年版，第168页。

② 淄流：僧徒。"淄"通"缁"，指黑色，因僧人多穿黑衣，故有此称。

至上达者也。瞽说叨叨,高明以为如何,敬写勿吝见教。"①这封信完全在讨论儒学,如果安东省庵是写给朱舜水的,那十分正常。但此信是写给独立性易这样一个出家人的,就有一些奇怪。显然,在安东省庵的心目中,独立性易对儒学是通达的,只不过是披了僧人的外衣而已,否则他不会做出请教的姿态。在一封未注明日期的信函中,安东省庵表示:"顷得祝枝山墨迹,将借法目定真伪,尤望明以示之。"②该信请求独立性易帮助鉴定祝枝山墨宝的真伪,说明安东省庵对独立学问的推崇和信任。还有在一首诗的序言中,安东省庵提到想去拜访独立,但是听说国禁而无法成行,他作诗表达思念:"闻禁竟驻行,咫尺作参商。书信恐难达,雅盟岂可忘。空为千里别,无那九回肠。几溅途穷泪,情追流水长。"③

独立性易写给安东省庵的信中还提到安东省庵嘱托独立的两件事。其一,为《群书集录》作序。独立在回信中表示没有思路暂时写不了,日后补寄。④其二,索要独立的嗣法师隐元的字。独立表示怕人猜忌,当时不便,后面再寄。独立视安东省庵为挚友,在1656年的一封信中,他写道:"客冬接得手教并佳句,每当风晨月夕,盥手再披,益勤遥思,感切无穷,不知漂流一身之莫寄焉。"⑤安东省庵的信给飘零生涯中的独立性易无穷的慰藉,当获知安东省庵"受禄"升职,独立还作诗祝贺。

---

① 徐兴庆编著:《天闲老人独立性易全集》,台湾大学出版中心2015年版,第170页。

② 徐兴庆编著:《天闲老人独立性易全集》,台湾大学出版中心2015年版,第179页。

③ 徐兴庆编著:《天闲老人独立性易全集》,台湾大学出版中心2015年版,第180页。

④ 《独立致安东省庵书》(二),徐兴庆编著:《天闲老人独立性易全集》,台湾大学出版中心2015年版,第169页。

⑤ 《独立致安东省庵书》(五),徐兴庆编著:《天闲老人独立性易全集》,台湾大学出版中心2015年版,第172页。

安东省庵父子或许为独立性易寓居长崎提供了帮助，《独立致安东弥三右卫门谢函》中写道："偶避明山虏患，放足天下，适至贵邦，情非利涉，亦非闲游，不意长崎主政爱我，疏阙乞留，亦千载知遇之奇也。客春又荷省庵兄留心，得至足下神交笃切，天外奇缘今见一日矣。"[①] 具体提供了哪方面的帮助，因资料缺失不得而知。但联想到因安东省庵极力奔走，其师朱舜水得留日本，安东省庵助独立性易一臂之力也在情理之中。1660年，安东省庵终于有机会来到长崎的幻寄山房，拜访了正在闭关中的独立性易，独立性易十分喜悦，题写了赠诗："惜别自霜辰，晤缘又夏矣。寒暑一代更，可怀情无已。关门今忽逢，友于念喜起。觌面出新欢，忘言而心喜……"[②] 1672年临终时，独立性易还用相同的诗韵写了一首"听雨诗"酬答安东省庵，内心感慨万千，其序云："往者旅阁倾谭，酬吟感雨，屡和屡赓，相不次至。旧雨今雨，声同听同，言之者心，感之者意。今复寄声，不忘旧雨，尤推重于一十九年之滴滴于耳畔心头也。"两人从初结识开始，十九年来，用"听雨诗"相互唱和，雨声见证了他们诚挚的友谊，独立性易去世之后，安东省庵还作了最后一首"听雨诗"哀悼："追忆昔时春雨行，今为泪雨感交情。避难变姓归空寂，陈奠供诗叙旧盟……"在身份上两人介于僧俗之间，在信仰上则有释儒之别，在国籍上则分属中日，然而在一个特殊的时空定点，他们结下的友谊万古流芳。

---

① 《独立致安东弥三右卫门谢函》（七），徐兴庆编著：《天闲老人独立性易全集》，台湾大学出版中心2015年版，第174页。

② 《独立赠安东省庵诗》（十一），徐兴庆编著：《天闲老人独立性易全集》，台湾大学出版中心2015年版，第178页。

宾主联璧

1654年，黄檗山万福寺住持隐元隆琦禅师应请东渡日本，他将传承自中国的佛教临济宗黄檗派发扬光大，在日本创立黄檗宗并成为开山祖师。1657年，隐元弟子即非如一亦赴日觐见其师并协助弘法，最终开创黄檗宗广寿派。即非禅师得以留驻日本弘法，与护法居士、时任丰州太守的小笠原忠真有密切的关系。黄檗宗文献《宾主联璧》与《丰州草》对两人的交往有比较详细的交代。《宾主联璧》是两人的简要传记，《丰州草》是即非禅师在丰州期间撰写的诗集。

一、《宾主联璧》内容简介

笔者所见《宾主联璧》影本系黄檗宗珍稀文献，原本为清代早期和刻本。内含《广寿即非和尚行业记》与《故丰前太守小笠原侍从源公墓碑铭有序》两份文献，前者《即非禅师全录》中有收入，后者极为稀见。这两份文献的作者是同一人——法云明洞，法云明洞（1638—1706）系日本丰前小仓人，临济宗第三十四世，嗣法即非如一。笔者搜集的有关法云明洞的资料十分有限，无法还原其完整生平。据《即非禅师全录》中的一则《题心光寿荣信女影》可知，法云明洞小时候被人收养，该文记载："寿荣上条氏，乃法云上座之养母也。幼而颖悟，好奉佛。"这位崇佛的养母上条氏在临终之前听说隐元禅师要东渡日本，就交代养子：

"观水须观海,法驾若至,必须依止,为出世舟航,庶不负出家初志。惜我不见,有子归依,吾愿足矣!"或许正是由于养母的引领,最终促成法云明洞嗣法于即非禅师。

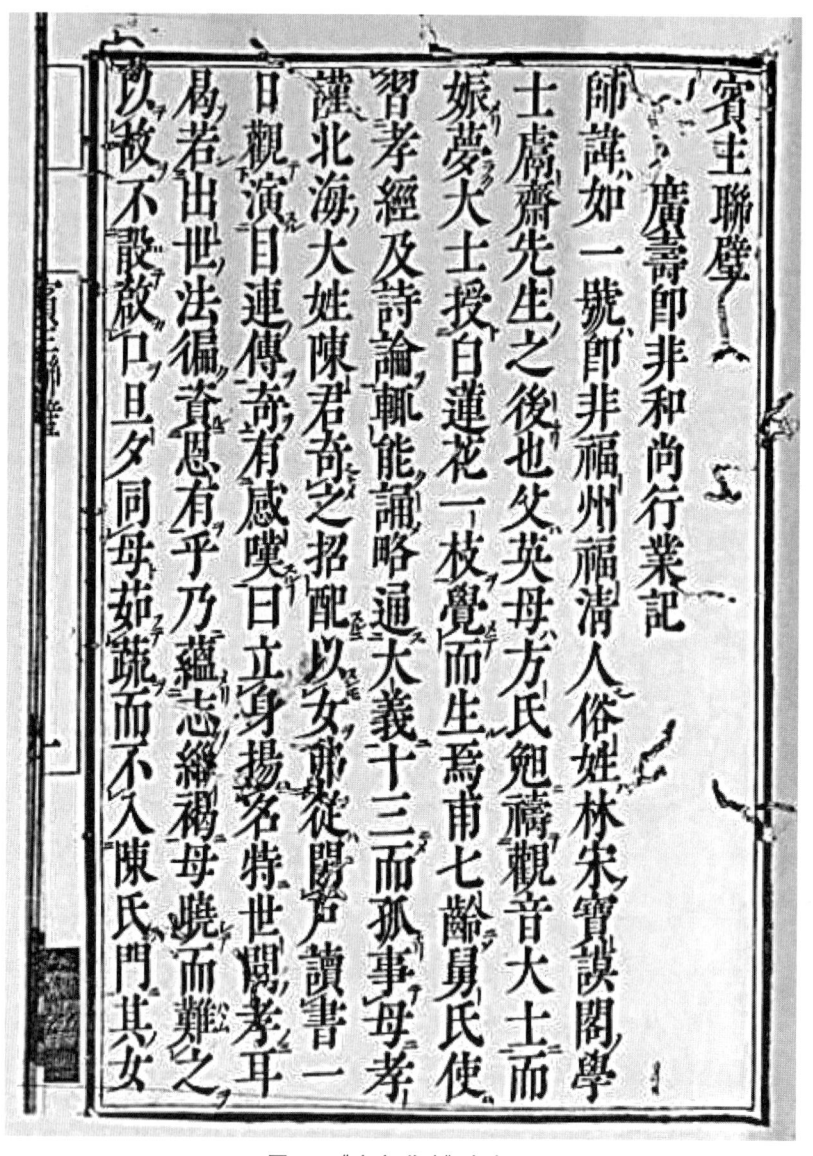

图10 《宾主联璧》书内页

《广寿即非和尚行业记》(《行业记》)就是即非禅师的生平简历。即非禅师，福建福清人，俗姓林，是南宋理学家林希逸的后人。生性孝顺，因观看《目连传奇》而心生出家之志，于十八岁时正式剃度出家。因参禅不得要领而参访四方。《行业记》记载他在得到补山和尚开示之后，"别参朝宗和尚于灵石，万如老人于曹山，再参永觉大师于石鼓，亘信禅师于罗山，所至请益，每有省发"。之后回黄檗山，与同门结颂古社，即非的偈颂十分出彩，但没能得到隐元的首肯，认为即非并未登堂入室。即非禅师真正大悟是在一场救火行动之后，《行业记》记载："值腊月三十日，寺后山林发火，烈焰亘天，师同数百众上山救焚。豁然逆风返焰，舞马一逐，路头打断，遂拼命跳落坑莽中，和个身心器界化为一团活火，头面手足伤损不知，时有同行智圆惟生蹑后急呼推出，豁然大悟，方知'绝后再苏，欺君不得'之语，直上方丈。师翁迎笑曰：'且喜汝大死活来，自此庆快平生，不啻如雨后明月，特地清凉也。'"在烈焰焚身的紧急场景，所有的杂念必然毫无踪影。虽然我们很难理解即非禅师当时真实的身心状况，但从隐元所发的赞叹来看，即非当时必定有所悟，从此以后他的禅悟境界更上一层楼。1657年，为探望隐元，即非禅师东渡日本，到达长崎，住崇福寺，但由于日本当时执行"国禁"政策，不得出行。六年之后的1663年，八月，即非禅师才从长崎出发抵达京都宇治黄檗山万福寺，终于得以觐见隐元禅师。在京都万福寺大约停留一年时间，见证了住持之位的接替（隐元禅师退隐，让位于木庵性瑫），1664年，九月，即非禅师准备回国西下，遇见丰前小仓城城主小笠原忠真，这一相遇改变了他们两人的后半生。

小笠原忠真1596年出生在日本野州古河城，祖先系清和皇帝中子桃园亲王。父亲秀政，兄长忠脩。在1615年丰臣秀赖与德川家康争夺政权的大阪夏之阵中，作为德川家康的部属，小笠原忠真父兄三人作战勇猛，但父兄战死，小笠原忠真受到德川幕府的重视，继承家业，先继承父业为信州松本城监、羽林右骑。1616年，德川家康去世，德川秀忠继位，小笠原忠真转徙播州明石，封十万石。1632年，德川秀忠去世，德川家光继位，小笠原忠真又转徙丰前小仓，封十五万石。1651年，德川家光去世，德川家纲继位，小笠原忠真奉命统领长崎。1663年，拜豢嗣长真朝散大夫，授远州刺史。小笠原忠真一家世代信佛，法云明洞撰写的《故丰前太守小笠原侍从源公墓碑铭》(《源公墓碑铭》)中记载，他曾说过："昔者贞宗深信佛乘，就信州伊贺良庄创开善寺，请清拙禅师为开山祖，举家老幼俱受戒法。曾书遗训曰：为我子孙者，当以禅宗为心，傍探显密。"①《源公墓碑铭》以及《即非禅师全录》中称小笠原忠真为"丰前太守"。《源公墓碑铭》记载，1663年即非赴长崎觐见隐元的路上，见过忠真一面并有对话："岁甲辰，我师即和尚自长崎觐隐老和尚。上黄檗次，小仓开善公出接。师曰：'灵山话头，居士还记得么？'公微笑。师曰：'一念圆明无古今。'公曰：'秋夜长江云自净，满天明月印波心。'师曰：'且喜居士不忘付嘱。'公留斋拜送。"②这次见面为即非回程再次相遇并决定留在当地弘法埋下伏笔。

二、《丰州草》中的相关记录

《丰州草》载于《即非禅师全录》第二十一卷，其中收录的诗歌反映了即非禅师在丰州建寺安僧、与丰主小笠原忠真等护法居士相往还的过程。与《行业记》和《源公墓碑铭》这两份文献相比，《丰州草》有

---

① 李湖江整理汇编：《黄檗宗珍稀文献荟萃》，宗教文化出版社2021年版，第149页。
② 李湖江整理汇编：《黄檗宗珍稀文献荟萃》，宗教文化出版社2021年版，第149~150页。

更多的细节，更加具体化，极大地丰富和完善了《行业记》和《源公墓碑铭》的内容，使即非禅师与丰主小笠原忠真居士的形象更加立体、饱满。

《丰州草》一开篇是即非禅师所作《驻锡吟》："拟辞圣寿返中原，无那延居摩诘园。拨转玄流朝海岳，迸开慧日耀乾坤。微尘法里王心里，举国民崇佛道尊。凉德衲僧何所补，全提向上答深恩。"①"圣寿"即长崎圣寿山崇福寺，过去七年，除了觐见隐元禅师，在京都万福寺住了一年，六年多的时间里，即非禅师一直留驻在崇福寺。因为已经见过隐元禅师，了却心愿，所以即非原打算与崇福寺告别返回故山，却没预料到后面会驻留日本，即非在这首诗的序言中写道："岁甲辰（1664年）九月十九日，至丰州金粟园，承丰主源忠真大檀越款留卓锡，予固辞曰：'贵治山水甲九州，不惟钟瑞气，亦可以益道气，敢不忻从，但愧道行微劣，有负檀德耳！'今既感公敬法之心诚而且切，遂说偈答命，以志凤缘之有在云。"②因为丰州小笠原忠真的诚恳挽留，即非禅师决定留下。在这个决定之前，《丰州草》中还记录了发生在忠真夫人身上的奇事："余未至丰州，夫人那须氏梦双日照耀下，有一扇捧之，及余至，夫人来参，值余手握英扇，符其梦。"这是一个巧合，忠真夫人那须氏梦见一人拿扇，结果即非禅师来了，恰好手拿扇子。但这个巧合一定给忠真夫妇的内心带来巨大的震撼，因为在虔诚佛教信仰者的心中，这无异于"神启"，被视为上天的启示和安排。

即非禅师的去留，引起多方关注。对于恩师隐元禅师，他一定要有

---

① 摩诘：是维摩诘的简称，意译为净名或无垢尘，是毗耶离城中一位大乘居士的名字。

② 檀越：施主。卓锡：卓指挂立，锡指僧人所持的锡杖，所以卓锡指代僧人的居处。

所交代。《上黄檗本师和尚》云："何事又留舍卫城？由来佛法付王卿。酬恩重展龟毛拂，愿放眉光作证明。"即非将驻留的小仓广寿山比作舍卫城，那是佛陀讲法的地方，他希望以弘法来报答师恩。对长崎崇福寺方面该如何回应呢？毕竟先前辞别崇福的理由是回国，如何圆这个说法？《简崎主并答崇福诸檀越》云："岂不欲前去，其如缘在兹。江山虽有阻，云月总无私。"即非说自己没有私心，只是因为遇到合适的缘分，所以才开山广寿。对于故乡福清的护法居士们，即非禅师也作了回复。《寄答唐诸宰官居士及叔弟侄》诗前有序："道无彼此，在处为家；法无亲疏，逢缘则住。暂方尊命，幸恕谅焉，白社盘桓，尚有日在。"这个意思十分清楚，表示只是遇到缘分暂住而已。其诗云："吾未出三界，敢忘父母邦。闽天云敛尽，指日返融江。"即非禅师很明确地表示，不会忘记父母家邦，回国是指日可待的事情。这首诗反映了即非禅师的内心世界，当时他的确没有长住日本的想法，只是因为丰主诚恳挽留，待了却这段缘分还是会动身回国的。

那么丰主小笠原忠真用了什么手段打动即非禅师呢？

（一）建造寺院。《源公墓碑铭》记载："乙巳（1665年）春，更造殿堂，请我师董莅，命其山曰'广寿'，寺曰'福聚'，一新丛规，钟鼓清肃。"即非在《卓锡·序》中提到："丰主源大檀越开创广寿山福聚禅寺，延予卓锡。于本年正月十五日始奠梁栋，阅六十日乃讫厥功，其山门、方丈、禅堂、应供堂、浴堂、各寮舍及诸庄严次第俱备，四方随喜者恍疑天降地涌焉！三月十五日，丰主致书币躬请进寺，一望万松与千峰合翠，三门同宝构联云，俨然一大梵刹，深感知遇之隆，诚有光于法道。"当然，延聘高僧必须建造寺院，这属于常规操作。显然丰主的关心不止于此，而是到了言听计从的地步。在《小方丈》的诗引中，即非记录道："予三月十五日进山，偶指方丈后曰：'此丛绿中宜夏，亦可安禅。'丰主闻之，辄为建小方丈，前舒曲径磊石，为山下引瀑泉以滋道韵，居民踊跃不呼自至，不旬日工竣，人巧神速妙夺天工，凝碧堆青，宛然图画观者……"在丰主的精心筹划之下，广寿山的景致焕然一新，即非禅师曾为"广寿山十六景"作诗，这十六景分别为：不老峰、足立峰、万松轩、十八松、瑞鹿居、看云亭、放生池、应城钟、望海楼、吐月岭、修竹径、白云室、丰田洋、白鹭洲、大砚海、文字关。

（二）施行仁政。即非禅师赞赏丰主以德治邦，减免百姓的赋税。其为《纪檀度》作序写道："丰主金枝玉叶，源远流长，行不言之令，成无为之化。路不拾遗，市无丐者，牢无罪人，常放生禁采捕羽族，蔽江连野悠悠洋洋，宛尔唐虞上世。今秋延予卓锡州畿，值大年，丰主垂念稼穑艰难，乃舍有余之库藏，成无尽之福田，发粟万石赏劳农民，又新给条例赐免租赋，十蠲其三，非给公再世，曷能已！尔农民怀风咏德，祝颂知归，望城顶礼，有二菩萨出世之言。"①前半部分讲，在丰主的治理下，地方呈现一片太平的景象；后半部分讲，遇到歉收的年份，发放库藏，救济百姓，减免农民的赋税，所以农民感恩戴德，赞叹丰主和即非禅师为"二菩萨"。

（三）宣扬瑞相。《丰州草》中的《题涌金楼》一诗引中还提及"双鹿现瑞"一事：1664年的腊月二日，丰主小笠原忠真在城府斋宴请即非禅师，用完斋饭，他们与随行二三人登上涌金楼。涌金楼很高、视野开阔，忽然楼园中来了两只鹿，见人也不避让，抚摸也不害怕。丰州向即非禅师报告此事，禅师回答，这都是檀越您的仁德至诚所感。如果我们站在世俗的角度来看，这类事件并不奇怪，有人会这样分析：或许这两只鹿本来就是人工喂养的，所以"逢人不避，抚之无怖"，鹿在传统文化中向来视为仙兽，禅师观景时，有意放两只鹿进来，不是可以制造

---

① 给公：指给孤独长者，系中印度憍萨罗国的富商，性慈善，好布施孤独之人。

天降瑞相的图景吗？又如前述，即非禅师到来之前，丰主夫人那须氏梦见禅师执扇，后来果然应验。当然也可以这样分析，这个梦不一定是真的，而是丰主为了留住即非禅师而编造的；或者不是丰主编造的，而是那须氏为了迎合丰主的意愿，有意说做了这样的一个梦。当然，梦也可能是真实发生的。制造瑞相属于推理，从宗教信徒的角度看，制造瑞相这种说法就是"以小人之心度君子之腹"。

《宾主联璧》一书包含即非禅师与檀越小笠原忠真两人的传记，这是其得名之由来。到底谁是宾，谁是主？从居住地讲，小笠原忠真为主，即非禅师为宾；从弘法角度讲，则即非禅师为主，小笠原忠真为宾。谁主谁宾其实并不重要，关键是，在他们的相互配合之下，黄檗宗广寿派得以开创！

《行业记》与《源公墓碑铭》均由法云明洞撰写，《丰州草》中也收录了一首即非禅师为法云明洞生日创作的诗《法云上座生日》："当下洞然了了，发明佛祖宗猷。嗣续金刚慧命，非同世谛春秋。"诗中嵌入"明洞"两字，即非禅师希望法云明洞能明心见性，洞悉佛理，不在世俗打转而成为宗门中的杰出人物。诗引中提及法云明洞的简要生平："洞子五岁能书，童真入道，年甫十三即能升座论经义。甲午（1654年）秋，黄檗老人至崎，知趋慕归，向时年已十七矣。盍其天性之敏，善根夙具故，能取信于丰主，立精蓝以处之，及予驻锡金粟园，竟舍之佐予弘法，向上之志尤人所难也。兹值初度之辰，偈以勉之。"由此可知，法云明洞十七岁时皈依隐元，他先是在丰主领地的寺庙金粟园担任住持，遇见即非禅师之后，拜即非为师，即非创建广寿山福聚寺时，法云明洞辅佐他弘法，努力修行。1668年，即非禅师辞去福聚寺住持职务回到长崎，接任福聚寺住持一职的正是法云明洞禅师。

黄檗三笔

在日本，隐元禅师和弟子木庵禅师、即非禅师以及其他黄檗禅僧一系的书法以及绘画作品流传甚广，至今在国内文物拍卖市场上还能见到不少日本回流的黄檗僧书画真迹。其中最负盛名的当推隐元、木庵、即非三人所作，他们的书法作品被誉为"黄檗三笔"。在日本，"黄檗三笔"只是指隐元、木庵、即非三人的书法作品，赞誉他们的书法成就，不是指绘画作品。当然他们的绘画造诣也很高，这是另外一个话题。2019年5月22日—7月15日，日本长崎历史文化博物馆举办"渡来黄檗僧の書画"特集展示，本次展览展出多幅真迹，这是国内所未见过的，令人大饱眼福。唯一令人遗憾的地方就是这些作品大部分缺少对应的中文解说和释义。如隐元禅师擅长草书，其墨宝被誉为"浓墨飞白，万里一条铁"，视觉上极具美感，但写的是什么字，极少有观众能一一指认。本书根据拍摄回来的资料，请教了擅长书法的同事和朋友，对这些不易辨识的字迹予以破解，加注简单释义，希望有助于黄檗书法作品的传播与推广。

据了解，2022年3月20日—4月13日，"黄檗文化润两邦——隐元及师友的禅墨世界"书画展在中国美术馆举办；2022年6月30日—7月18日，"一脉传承 花开两邦——纪念中日邦交正常化五十周年"黄檗文化展在福建美术馆举办；2023年6月5日，纪念《中日和平友好条约》缔结四十五周年黄檗艺术展在日本东京中国文化中心开幕。以上活动展出了更多的黄檗书法作品，将来有机会再予以整理与解读。

一、黄檗三笔：隐元、木庵、即非禅师的作品

流传于世的黄檗三笔真迹之中，隐元禅师的作品较多。

（一）隐元作品

隐元的部分书法作品题写于他人的画作之上，如"隐元骑狮像"由喜多道矩作画、隐元题字；"寿老人图"为逸然性融作画、隐元题字。

1.隐元骑狮像（展板标注：喜多道矩[①]笔，隐元隆琦题。江户时代·17世纪。）

辨识：天然一片白，何用图粉色。独骑狮子儿，万古为标格。黄檗隐元自题。

释义：人的天性一片洁白，不用增添各种色彩；我独自骑着狮子，千秋万古保持自主的风格。佛经里面常用动物之王狮子来譬喻法王，常形容祖师说法为"狮子吼"。

图11　隐元骑师像

[①]　据近藤秀实介绍，喜多道矩继承了波臣画派的写实性肖像画，"喜多道矩亦称喜多长兵卫，善肖像画。在长崎跟随同隐元隆琦来日的杨道真学画。喜多道矩的作品有隐元骑狮像，福冈市博物馆藏，纸本，设色，109.1厘米×38.7厘米，图上有隐元自题"。近藤秀实介绍的隐元骑狮像是否就是这一幅很难说，因为笔者见过的带有隐元自题的"隐元骑狮像"就有多幅。参见（日）近藤秀实：《波臣画派》，吉林美术出版社2003年版，第130页。

2. 寿老人图

展板标注：逸然性融①笔，隐元隆琦赞。江户时代·十七世纪。

辨识：唯德曰言，唯仁曰寿。二者并行，天长地久。南极老人，可师可友。胸开月白风清，一如光明不朽。黄檗隐元谨题。按：书法作品通常是从右写到左，但这幅字属于特例，读者应从左往右读。

释义：《论语·宪问》载："子曰：有德者必有言，有言者不必有德。"在《论语·雍也篇》，孔子又提出"仁者寿"的观点。德与言，仁与寿，二者应当并行，才能天长地久。南极老人既是老师，也可称为朋友。胸怀坦荡，一片光明，才能流传不朽。

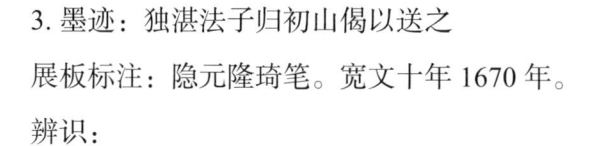

图 12 寿老人图

3. 墨迹：独湛法子归初山偈以送之

展板标注：隐元隆琦笔。宽文十年1670年。

辨识：

> 天开煦日上初山，照澈太和顷刻间。
> 老得风光添益状，少沾吉气长文班。
> 春肥满路供玄鉴，道泰逢场尽破颜。
> 一念拈花重集似，豁然透澈顶门关。

庚戌仲春望后独湛法子归初山偈以送之

松堂老僧隐元书

---

① 逸然性融（1601—1668）：浙江省杭州府仁和县人，俗姓李，自幼出家。1644年抵达长崎，拜东明山兴福寺默子如定为师。1652年开始，与众檀越一道先后四次聘请隐元东渡，终获成功。擅长绘画，被称为唐画传入日本的鼻祖，杰出弟子有若芝秀石等。参见（日）山本悦心著，王慧杰译：《黄檗东渡僧宝传》，黄檗山万福寺2016年印行，第105页。

释义：庚戌年是1670年，日本宽文十年。仲春为农历二月。望后指望日之后，每个月月圆的一天是望日，通常指农历小月十五、大月十六。独湛法子指独湛性莹（1628—1706），福建莆田人，隐元法嗣，临济宗第三十三世，开创黄檗宗狮子林派。这是隐元写给弟子独湛送其归山的诗偈，首联交代当时的天气状况，天空一片晴朗；颔联指出一老一少的精神状态，虽然是送别诗，但是人人喜气洋洋；颈联引用禅宗迦叶破颜的典故；尾联表达隐元对弟子的期望：能够大彻大悟。

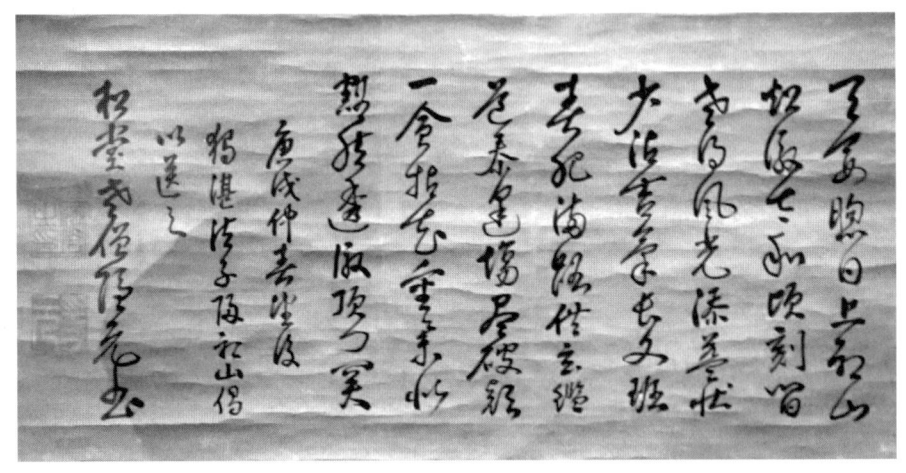

图13 独湛法子归初山偈以送之

（二）木庵作品

木庵禅师的书法作品以六条屏的形式呈现，一对六条屏上总共书写了六首杜甫的律诗。

墨迹：杜律三首

展板标注：木庵性瑫笔，江户时代·十七世纪

辨识：《登楼》："花近高楼伤客心，万方多难此登临。锦江春色来天地，玉垒浮云变古今。北极朝廷终不改，西山寇盗莫相侵。可怜后主还祠庙，日暮聊为《梁父吟》。"《吹笛》："吹笛秋山风月清，谁家巧作断肠声。风飘律吕相和切，月傍关山几处明。胡骑中宵堪北走，武陵一

曲想南征。故园杨柳今摇落，何得愁中曲尽生。"《和裴迪登蜀州东亭送客逢早梅相忆见寄》："东阁官梅动诗兴，还如何逊在扬州。此时对雪遥相忆，送客逢春可自由。幸不折来伤岁暮，若为看去乱乡愁。江边一树垂垂发，朝夕催人自白头。"录杜律三首，黄檗木庵书。①

图 14 杜律三首

图 15 杜律三首续

① 展板上用中文列出以上三首律诗，但是"谁家巧作断肠声"之"巧"字误作"功"，"何得愁中曲尽生"之"曲"误作"却"。

释义：木庵禅师书写的这三首律诗《登楼》《吹笛》《和裴迪登蜀州东亭送客逢早梅相忆见寄》有共同的特征——描述祖国有难、故园难回，无论是见到繁花，听到笛声，还是踏雪寻梅，都引起诗作者杜甫的离愁别绪和伤感之情。木庵禅师写杜甫的这些诗歌，实际上也是在表达他自己一样的情感，明朝国土沦丧，飘零日本，怎能不睹物伤情呢？书法作品装裱常见的有对屏、四条屏、八条屏，木庵禅师书写的这两幅六条屏比较少见，据黄檗书院副院长白撞雨老师援引未透露姓名的上海专家的说法：这种屏风，是日本人的偏好，大都摆在办公场所，所以内容偏儒家；屏风题材的创作，是专门所嘱，都是大字、竖式，用中式条幅、横幅、中堂，都很难装裱。

（三）即非作品

即非禅师的书法作品《醒语》揭示了一种禅意的人生态度。

墨迹：醒语。

展板标注：即非如一笔，江户时代·十七世纪。

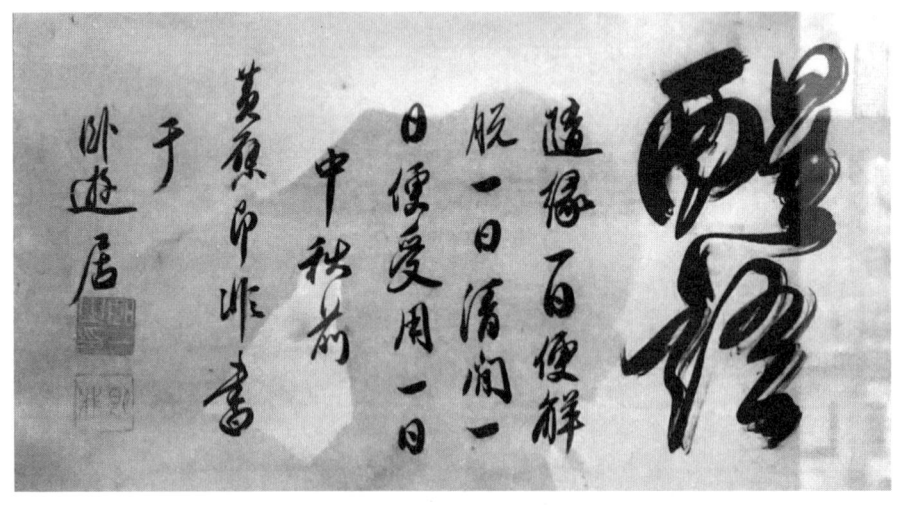

图16　醒语

辨识：醒语。随缘一日便解脱一日，清闲一日便受用一日。中秋前，黄檗即非书于卧游居。①

释义："醒"可作清醒或者提醒来理解，"醒语"即用来提醒自己的语言。用随缘的态度生活，才有解脱自在的感觉；不用忙碌而清闲的日子是人生真正的享受。"卧游居"系即非禅师居住的处所，他在诗集《同声草》序中写道："予有'寺里青山云外楼'之句，盉指卧游居也。居虽小，山海大观一览而尽得之。黄檗老人曾宴息于此，及余卓锡，有檀越林大堂因其局布金而更张之，居成瞻云赋诗以敦其本，缁素参访倚韵而和者，不觉盈帙，予命门人将锲之梓。"黄檗老人即隐元禅师，曾在卧游居休息，林大堂居士曾布施金钱予以扩建，落成之后，即非禅师写有《卧游亭即景》，众人依同韵相唱和，汇成一部《同声草》诗集。

二、《黄檗僧书卷》

《黄檗僧书卷》是长卷书法，由众多黄檗僧的作品连接而成，作者包括隐元隆琦、即非如一、南源性派、慧林性机、独照性圆、独湛性莹、大眉性善等人。下面一一解读。

1. 隐元隆琦

开篇是隐元禅师的作品，首字"行"字有缺损。

辨识：行处青山烟雨里，霜钟敲出夕阳中。己酉季冬日，黄檗隐元老僧书。

释义：僧人的生活远离世俗的喧嚣，在青山烟雨中穿行，在晨霜与夕阳中聆听寺院的钟声。己酉年是1669年，日本宽文九年。季冬指农历十二月。

---

① 这幅书法字体比较容易辨认，本次展览的宣传栏上有印出对照的中文文字。

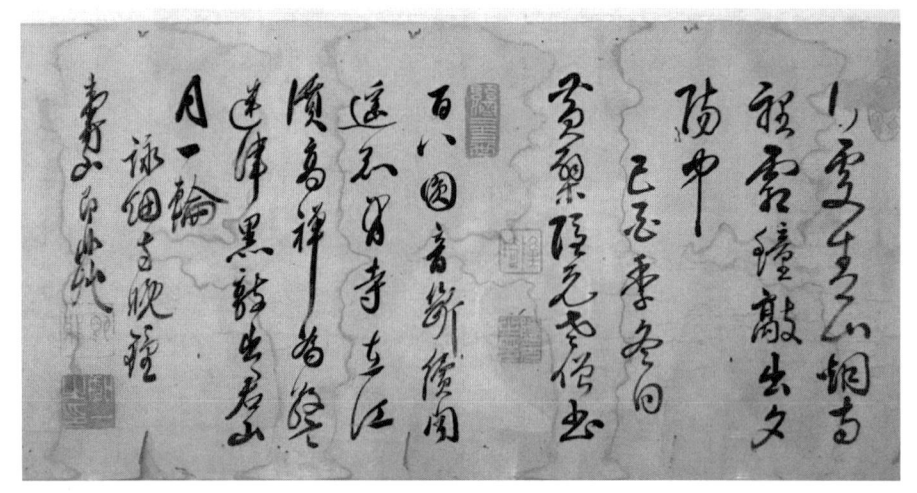

图17　隐元隆琦与即非如一书法

2. 即非如一

即非禅师题写的是一首诗《咏烟雨晚钟》。

辨识：百八圆音断续闻，遥知有寺在江濆。高禅为警迷津黑，敲出君山月一轮。《咏烟雨晚钟》，寿山即非草。

释义：圆音一词，据《佛光大辞典》的解释，为"圆妙之声音，指佛语。《楞严经》卷二：'愿佛哀悯，宣示圆音。'此外，据《法华玄义释签》与《唯识论》载，此土之众生耳根较利，释尊遂依音声，假立名、句、文等，而宣演大法，称为圆音一演；若于诸佛国土，则依光明妙香味等而为说法。"[①] 断续听到远方有许多诵经的声音，就知道沿江一带一定有寺院。三界六道的众生处在迷妄的渡头，要依靠高妙的禅法作为警钟，涤秽布新显露自性光明，就像君山一轮明月。

---

① 慈怡主编：《佛光大辞典》（增订版），佛光文化事业有限公司2014年版，第6803页。

3. 南源性派

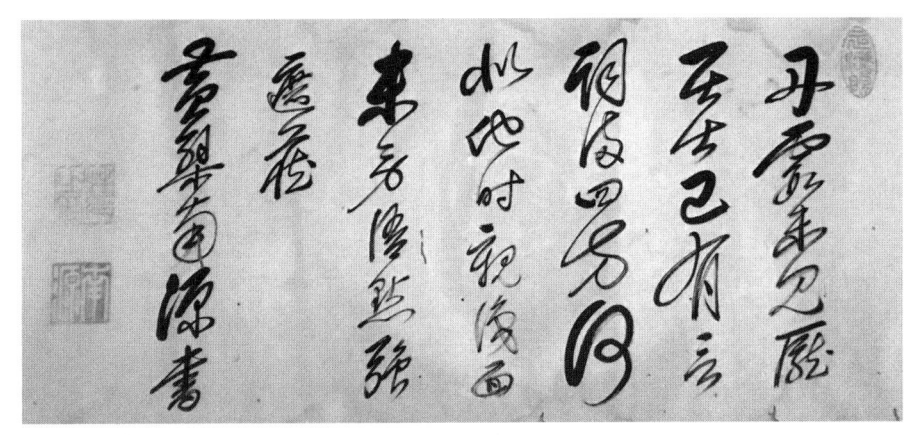

图18 南源性派书法

南源性派的草书奔放洒脱，如行云流水。

辨识：丹霞未见庞居士，已有言词满四方。何似他时亲识面，未劳语默强遮藏。黄檗南源书。

释义：丹霞禅师见庞蕴居士是禅宗的一个典故，领会此诗的关键在于"言词"和"语默"，人们总是习惯执着于语言和文字，然而语言和文字终究不是诸法的实相。丹霞禅师不辞辛劳和庞蕴居士见面，却并没有过多的语言，因为禅不是在语言上打转，要体悟言语道断，心行处灭。

4. 慧林性机

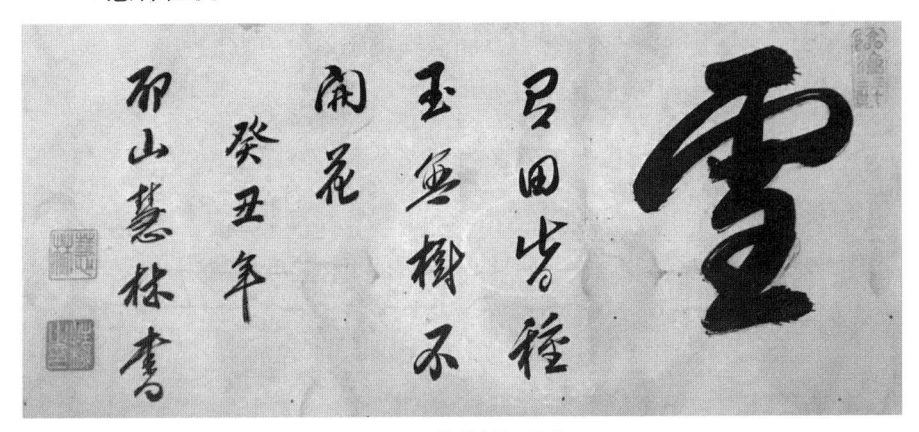

图19 慧林性机书法

慧林性机字迹古朴凝练。

辨识：雪。有田皆种玉，无树不开花。癸丑年初山慧林书。

释义：作品中的文字出自李商隐《喜雪》："朔雪自龙沙，呈祥势可嘉。有田皆种玉，无树不开花……"形容下雪之后，田地里就像种上晶莹的玉石，树上就像盛开无数洁白的花朵。癸丑年是1673年，清康熙十二年，日本宽文十三年。

5. 独照性圆

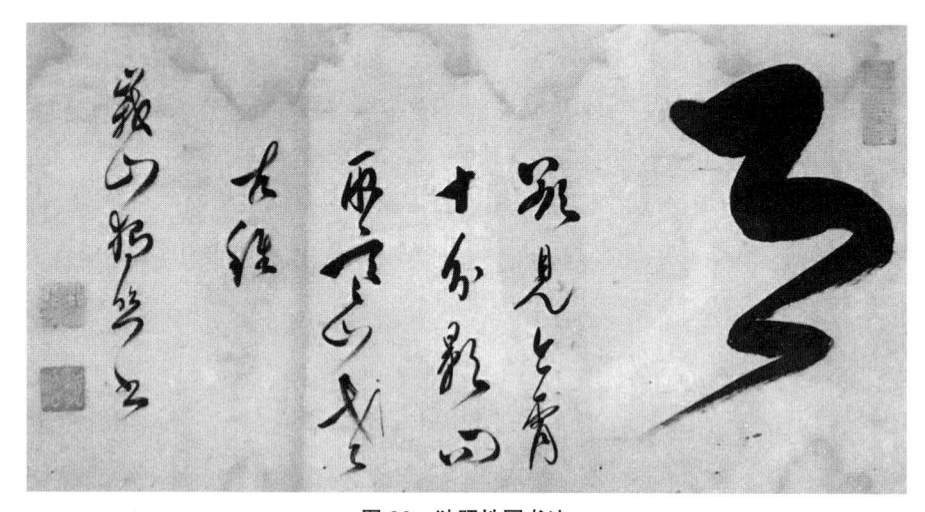

图20　独照性圆书法

独照性圆的草书潇洒飘逸。

辨识：月。欲见今宵十分影，问取寒山老古经。羪山独照书。

释义：隐元禅师的法嗣有二十三人，有三位日籍法嗣，独照性圆（1617—1694）是其中之一，日本江州人，临济宗第三十三世，开创黄檗宗直指派。门人有月潭道澄、竹岩道真等，著有《直指独照禅师语录》《直指独照禅师统录》等。这句诗系月下抒怀：要想见到完整的月影，要像寒山一样，到古老的经书中去求取。禅宗里边常用月亮来象征自性光明。

6. 独湛性莹

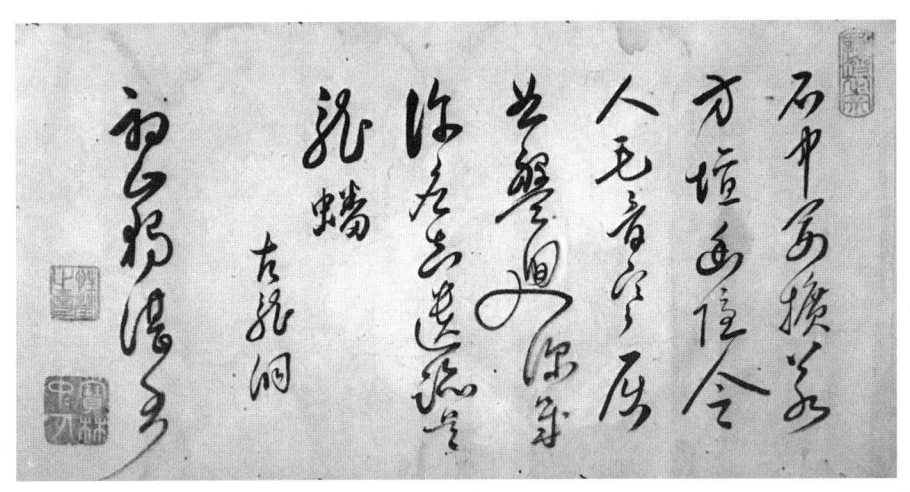

图 21　独湛性莹书法

独湛性莹用笔疏密得当，笔画结构与作品内容相映衬。

辨识：石中开扩若方坛，幽隐令人毛骨寒。屈曲盘回深几许？应知遗迹是龙蟠。青龙洞，初山独湛书。

释义：此诗是对青龙洞实景的描写，深邃幽隐、曲折回旋，就像一条龙在环绕，盘伏。

7. 大眉性善

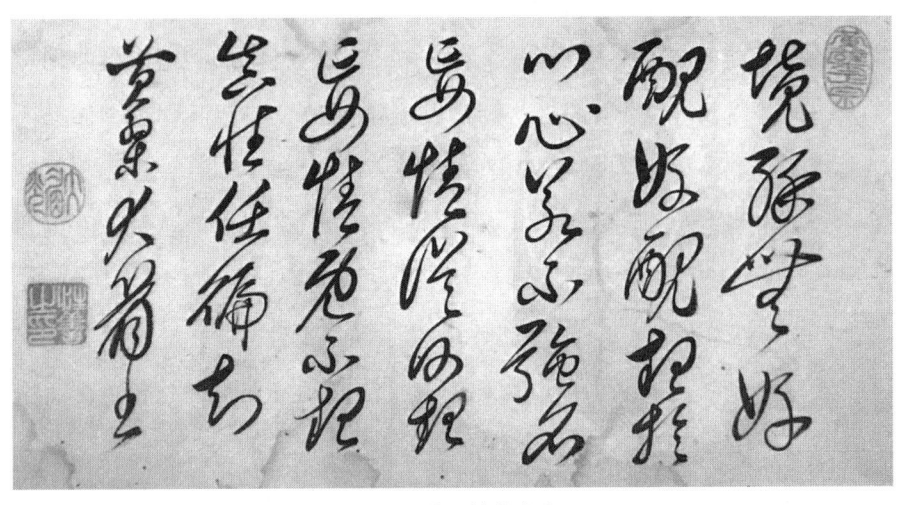

图 22　大眉性善书法

大眉性善的草书气韵流畅，其作品具有视觉冲击力。

辨识：境缘无好丑，好丑起于心。心若不强名，妄情从何起？妄情既不起，真性任遍知。黄檗大眉书。

释义：这是禅宗四祖道信禅师传法给牛头山法融禅师时说的偈语，强调修禅就是修好一颗心，毋对外境产生执取。原文中的"真心任遍知"，大眉性善写作"真性任遍知"。

三、其他

此外，还有独湛性莹画赞《释迦如来图》和大眉性善墨迹《清公默庵》。

1.独湛性莹

展板标注：《释迦如来图》，独湛性莹画赞，江户时代·十七世纪。

独湛性莹题写的这幅作品以偈颂来赞叹佛。

辨识：因中弘愿最称周，接济沉沦到岸游。端坐宝莲如不动，香风吹起徧阎浮。初山独湛题。

释义：释迦牟尼佛在因地就发下宏大的誓愿，要接济沉沦的众生从此岸到达彼岸，这是最完备值得赞叹的。他端坐在莲花宝座上如如不动，南阎浮洲（即南赡部洲，泛指人间世界）遍地吹起香风。

图23 释迦如来图

2. 大眉性善

展板标注：墨迹五言律诗《清公默庵》，大眉性善笔，江户时代·十七世纪。

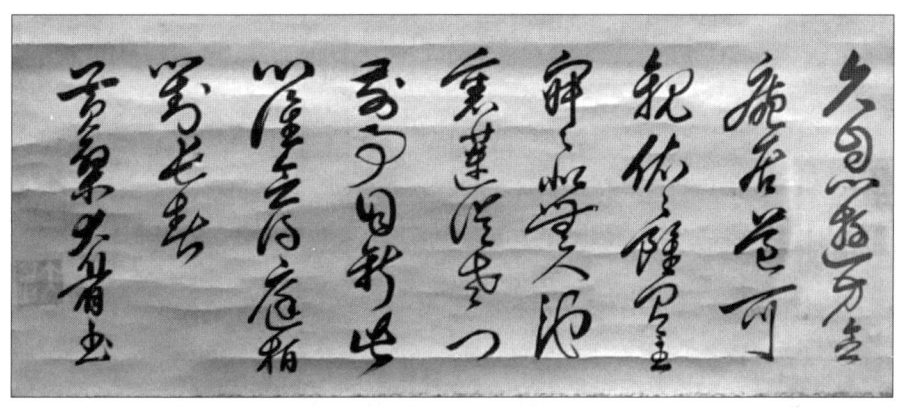

图 24　大眉性善书法

大眉性善的这幅草书作品点画有力，收放有度。

辨识：久息游方念，庵居道可亲。依依虽有主，寂寂似无人。池里莲从老，门前事自新。此心谁会得，庭柏对长春。黄檗大眉书。

释义：大眉性善书写的这首偈颂源于《古尊宿语录》卷四十五，作者是北宋宝峰云庵真净[①]禅师，这首偈颂题为"清公默庵"。描写禅僧独自庵居的安静与闲寂的生活，这种看似寂寞的内心享受，唯有悟道之人才能体会得到。

[①] 真净克文（1025—1102）："北宋禅僧。陕府阌乡（河南陕县）人，俗姓郑，号云庵。随北塔广公出家，居隆兴府泐潭。初参黄龙慧南而不契机，复往香城（陕西朝邑）见顺和尚，和尚反问黄龙之言句，师闻而当下大悟，方知黄龙用意。遂仍归黄龙，并嗣其法。从此开堂说法，大为精进，又提携天下衲子。为众遗诫宗门大略而示寂，世寿七十八。赐号'真净'。建塔于泐潭新丰。"参见慈怡主编：《佛光大辞典》（增订版），佛光文化事业有限公司2014年版，第3509页。

山堂清话

《山堂清话》系隐元法孙高泉性潡禅师所著，分上中下三卷，上卷五十则，中卷二十八则，下卷三十六则，总计一百一十四则。系小品文，每则皆有题目，少则数十字，多则三五百字，没有很长篇幅的文章。序言落款标注的时间是"庚戌仲秋"，系1670年农历八月。高泉性潡是1661年六月东渡日本为隐元禅师庆祝七十寿诞的，此时已经过去十年。所以他在序言中写道："予自东来日出之国，抵今十易寒暄矣！国之硕德与予厚善者，往往与之高谭，辄忘昕夕。"与高泉性潡高谈阔论者都是些什么人呢？这在《山堂清话》末尾高泉禅师自作的跋文中有所揭示："潡虽鲁钝，自幼喜学，每遇名师益友，或耳所聆、目所击，而惓惓在怀，兹山居无事，宴坐一室，而天壤间人情物理，殊觉昭然，毫发可指，由是或与来客，或与诸子焚芗酌茗，未尝不举此从容谭论，盖欲用以自警警人，非泛泛言也。"也就是说，这些小品文，其实是高泉禅师与到访的客人或者诸弟子喝茶聊天的时候所谈论的内容，曾经听说的，曾经见到的，曾经思考过的，可以用来自警或者警示他人的文字。纵览《山堂清话》，亦可以发现高泉禅师善用譬喻、擅长说理的特点。

我们首先关注《山堂清话》中有关自警的内容，这样的文字在整部《山堂清话》中占比较高，说明高泉性潡禅师时时处于反躬自省的修行当中。

一、自我提醒

　　《山堂清话》中的许多文字，其实是自我提醒与自我警示。高泉禅师时刻不忘出家人的身份，常常提醒自己看淡名利。如《古人今人》云："古人有心求道，无心求名，及其道成而名自显；今人有心求名，无心求道，及其名遂而道自晦。盖轻其所重、重其所轻，此古今之所以别也。"高泉禅师告诫修道之人，千万别将"名利"和"道德"颠倒，如《名利道德》章云："名利之于人也，虽万不可求，而人辄求之，道德之于人也，虽万不可失，而人辄失之。若使以求名利心而求道德，则人人佛祖矣。居俗之人为世法，故此不足疾，而方服之士称为道人，亦颠倒乃尔，斯可疾也。"此外，他还将名利比喻成门槛与笼子，如《槛猿笼鹤》云："人于二六时中，四威仪内，是非不置于怀，名利不入于耳，心存乎道，情不附物，即闹市而深山，离蒲团而禅定。舍是则系槛之猿，拘笼之鹤也。"这则文字的意思，如果修道者的心思还攀附在名利上面，其实质就是俗人，倘若能超脱于名利，即使住在闹市，与隐居深山也没有太大的差别。高泉禅师强调用心，只要善用其心，哪里不可以修学呢？所以《善学》中提到："夫善为学者，虽乏师友，纵目所观，未尝无可学焉。观山则可学其峻，观水则可学其清，观松则可学其操，观石则可学其贞，观大地则可学其博厚，观太空则可学其高明。"能善用其心，什么时候不可以修学呢？即使生病，也能当成修学的良机，如《病中用工》："参禅人之忘寒暑，废寝食，体弱者多致病。病中多退初心，盖不善用工也。须知病中绝缘，正好用工，余于病中亦曾试之。有僧若琼参高峰妙和尚，忽染病，峰示之曰：'病中绝缘，正好做工夫，汝之臭皮袋皆委之于我，但和病捱去，决不相赚。'疾亟索浴，俯见汤影有省，喜笑，如脱沉疴，信宿书偈曰：'三十六年颠倒，今日一场好笑。娘生鼻孔豁开，放出无毛铁鹞。'峰曰：'如何是娘生鼻孔？'琼竖起笔，峰曰：'又唤甚么作无毛铁鹞？'琼掷笔而逝。此病中做工夫得力之样子也。"高泉性潡这则文字中引用的公案《僧若琼参高峰妙》，亦收入于《高峰和尚行状》，有详细的记载，被宋末元初著名书法家赵孟頫所抄录（如下图）。

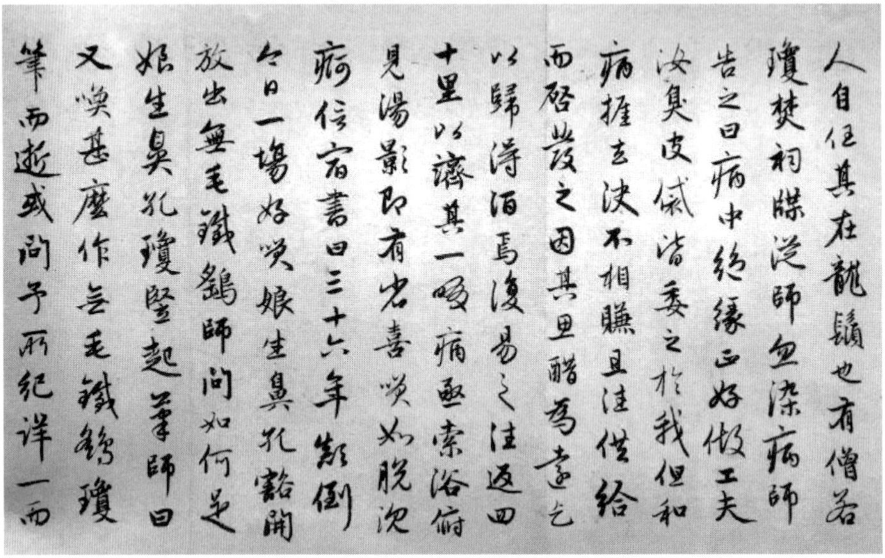

图25 赵孟頫绘《高峰和尚行状》局部

赵孟頫绘：《顶级书画名家杰作复制精选·赵孟頫》第二辑，四川美术出版社2015年版，第1页。

二、警示他人

《山堂清话》中警示他人的文字主要表现在两个方面。其一，阐述儒家忠孝仁爱的理念。高泉性潡认为忠孝仁爱是做人的基础，他十分重视孝道,《孝德》举了一个例子:"融邑优婆塞①,进昆林公兄弟四人皆有至性,尝割股疗母。一日,公卧疾,甚沉重。其子妇惧,亦割股而进,即有起色。闻及邑侯,匾其门曰纯孝格天。"高泉禅师对这种割自己身上的肉替父母长辈治病的行为大加赞赏。高泉禅师是从古代社会特定的伦理视野来看待此事的,并不是从科学的角度来探讨此事。割自己身上的肉显然是一种巨大的牺牲,目的又是为父母长辈治好病,十分符合古代孝道的理念,所以他加以赞叹,专门记载下此事,他称赞的是子女的孝心。高泉禅师也谈忠义,如有一则《小民知义》:

> 明季榕城一人鬻生蔬,偶路次闻报西戎犯阙,崇祯皇帝驾崩。其人息担于地,仰天大哭。曰:"天下既丧,天子亦亡,我何人斯,欲存于世。"遂投水而死。呜呼!大聪明人读遍圣贤书,穷尽今古事,官居上品,禄享千钟,际此之时,似不闻见,反不若闾巷小民,一丁周识,一事不闻,犹能捐身取义。石鼓永老人闻得不胜感激,吊之以诗,有"一字不谙能取义,五车读尽反成痴"之句,真令人愧死。

这则故事中谈的忠是忠于君王(崇祯皇帝),当然有其局限性,因为放在今天大中华的视角来看,无论是汉族人还是满族人,都是中国人。高泉禅师处于特定的时代当然也不能超越时代的局限,但是他举这个例子,其实强调的是"忠"的精神,放在今天也是适用的,那就是要忠于国家和人民。孝和忠的关系,则全在于一心。如《忠孝》云:"或问:'忠与孝同邪、异邪?'答曰:'同。'曰:'忠是忠,孝是孝,乌得

---

① 优婆塞:指在家亲近奉事佛、法、僧三宝,能受持不杀、不盗、不邪淫、不妄语、不饮酒五戒的男居士。

同?'答曰:'忠与孝名虽异,而心则同也。推此心以辅君,则谓之忠,尽此心以事亲,则谓之孝。安有异邪?'"在高泉禅师看来,谈论忠和孝,都是由内心是否至诚决定,把至诚的心放在君王(国家)上,那就是忠,放在父母(长辈)上,那就是孝。没有这种心,甚至倒行逆施,那就是不孝。不孝之行,自然应该受到惩罚。《山堂清话》中讲述了两则故事,一为《不孝天谴》:"少时闻先严曰:闽中一人素不孝无赖,父母怨之,无可奈何,但仰天浩叹,如是者久。一日五鼓,其子与数十辈入村贩菜,忽雷震心悸,拶身入稠人中,须臾电起,竟掣出其子,击死于田间,观者吐舌。"另一则为《诉子于神》:"一民家居邻关王庙,有子甚不孝,尝殴父。一日,父被殴不胜忿,力擒其子,诉于庙下,忽架上刀仆正中其子之腰,斩为双段。噫!不孝之罪,天谴神诛有若此者,得不寒心乎哉!"这两则故事有相似之处,就是孩子不孝父母无可奈何,但是受到上天与神力的惩罚。其共同的宗旨都在于劝善行孝。其二,阐述佛教因果报应的理念。高泉性潡是出家人,所以不遗余力地宣传佛教思想,"因果报应"的理念在《山堂清话》中随处可见。前述《不孝天谴》《诉子于神》宣扬的其实也就是"因果报应"。《陈富翁》的故事也比较典型:"明海隅一富翁陈姓,以渔海致富,畜妻妾、子女、童仆等一十五人。每海艘至,鱼货盈丘山,又雅好宾客,以羊豕鹅鸭充庖厨者日日,未几举家歼灭无噍类,世俗罔识辄为叹伤,余为解曰:'天道好还,尔徒伤渠,举家歼灭,而不知渠之歼灭水族、毛群者,又不知几许矣!因如是,果如是,不可诬也。'"[①]陈富翁因杀生而致富,后来举家遭遇不测,高泉禅师指出这就是因果报应,他用现实的事例警戒世人不应该杀生。佛教具有伦理功能,它通过各种途径宣说佛教的义理,规

[①] 噍类:指活着的人。

劝、告诫信徒们扬善惩恶，尤其是在佛教氛围比较浓厚的地区，佛教的这种社会功能可以得到更有效的发挥，有利于规范社会行为、保持社会稳定。①

三、文字特点

《山堂清话》体现高泉禅师的两大文字特点——善用譬喻和擅长说理。

其一，善用譬喻。略举三则：

《迁善改过》："草秽再芟则净，衣垢再浣则新，树瘦再培则长，镜昏再磨则光，人能迁善改过，则可为圣为贤。"这里用草、衣、树、镜来譬喻人，人若能迁善改过、培植德行，与芟草、浣衣、培树、磨镜类似，可以逐渐焕发出内在的德性光明，而成为正人君子。

《灯蛾》："人见灯蛾赴火，驱之不去。虽燎手足不顾，至焦身而后已，皆谓之痴。殊不知诸佛菩萨见我等凡夫赴五欲之火，唤之不回，虽丧色身不悟，至失慧命而后已，其痴益甚悲夫。"高泉禅师将世人对财、色、名、食、睡等五种欲望的追逐比作"灯蛾赴火"。人们都知道飞蛾扑火愚蠢，世人追逐五欲又何其类似呢？

《扬州鹤》：《山堂清话》中有一则谈论"美不可兼得"，末句说"岂世间果有扬州鹤哉"？"扬州鹤"的寓意是什么？语出南朝梁殷芸《小说》，说有几人谈各自的志向，一人想当扬州刺史，一人只要有钱就好，还有人希望骑鹤飞天，后来最有志气的人说了他的志向——"腰缠十万贯，骑鹤上扬州"（上扬州指当扬州刺史），把所有人的愿望都说全了，

---

① 李湖江：《佛教梦与中国梦》，《法音》2014年第7期。

于是后人就用"扬州鹤"来形容十全十美的事物。高泉禅师引用"扬州鹤"的譬喻，在于劝诫人们不必事事追求完美。

其二，擅长说理。略举三例：

借事说理。《花卉》："山中有隙地一区，多松竹。诸子或植花卉，余弗之拒。或谓松竹历霜雪不凋，有若君子，有益乎道。花卉随朝昏而改，有若小人。又奚益焉？余曰：'岂不闻善者可以为法，恶者可以为戒。是善恶皆有益也。何局焉？'古有老宿移木槿，一官人见而笑曰：'僧亦爱花耶？'宿说偈云：'木槿移栽梵刹中，老僧岂是爱花红？朝开暮落浑如梦，欲使人知色是空。'官大叹服。余以是故，听而不拒，虽然，若借此而广种花卉如金谷者，则非矣！"在中国传统文化中，植物有一定的象征寓意，如松竹因不畏霜雪而被比作君子，花卉因容易凋谢象征小人。高泉禅师的弟子在山中隙地种植了一些花卉，被一官人取笑，高泉禅师解释世间一切都是佛法的呈现，"善者可以为法，恶者可以为戒"，花卉容易凋谢不正好提醒世人"色是空"吗？

借喻说理。《遇时》："有道之士，贵乎遇时。使不遇时则道不可行。非特道之不行，反见欺于庶子。譬若鲲鲸之鱼，纵之巨浸，足以吞舟，若置之平陆，则蝼蚁能制之。是故有道之士，贵乎遇时。"高泉禅师在强调时机可贵，"鲲鲸之鱼"与俗话"龙游浅水遭虾戏，虎落平阳被犬欺"相似，所以做任何事情都并非一蹴而就的，而应该等待时机。"鲲鲸之鱼"化用庄子《逍遥游》的典故，"有道之士，贵乎遇时"，待到时机到来，则"大鹏一日同风起，扶摇直上九万里"。

直接说理。《天下三危》："古者云：'天下有三危，少德而多宠，一危也；才下而位崇，二危也；无功而有厚禄，三危也。'今有人焉，德少而宠多，才下而位崇，功无而禄厚，且矜己逞能、骄逸自恣，欲其不危，其可得乎？"直接说理就是直抒胸臆、表明态度，高泉禅师采用反问的形式，说明少德而多宠、才下而位崇、无功而有厚禄是天底下最危险的三件事情，古人早就说过了，今人却不知而屡屡犯错。高泉禅师于此提出警戒。

高泉性潡的《山堂清话》著于日本，但涉及日本的篇章不多，其中有一则《日本王子能诗》，全文如下："受业无住老人，尝语予曰：'昔福省有人于海滨捕一船，其中人物仪具极其济楚，引之登岸面省主，主见其人物俊秀，知是贵人，以觚翰置前，令通信。乃赋诗曰：日出扶桑是我家，飘摇七日到中华。山川人物般般异，唯有寒梅一样花。其末书云：某日本国某王之子，因月夜泛舟，不觉随风至此。省主见其诗，叹曰：异方之人，亦有才若此。可嘉，命有司以盛礼款待，具大舟送回。'予以是知日域通文有自来矣。及至此，方询其人，并无有知之者。谅年代久远，无人能述，因书之，以贻好事君子。"日本王子的故事，是高泉禅师的剃度师父福清黄檗山的无住和尚告诉他的，抵达日本之后，高泉禅师探询此事，却查无实据，所以只是将传说记录下来。但是这种传说也并非空穴来风，或有其原型，如唐朝时日本僧人空海和尚入唐求法，就曾因遭遇海风漂流到福建霞浦赤岸，如今在赤岸还建有"空海大师纪念堂"。

隐元茶诗

隐元隆琦禅师是明清之交的闽地禅僧，俗名林曾昺，1592年农历十一月初四出生于福建省福清东林村，二十九岁从福清黄檗山鉴源禅师剃度出家之后，先参临济宗密云圆悟禅师，后嗣法于费隐通容禅师。从崇祯十年（1637）开始，隐元先后两度主持黄檗法席，跨越明清两朝历时十六载，"南明永历八年（1654）应请至日本长崎兴福寺，后至摄津（今大阪）普门寺。谒德川家纲将军，住麟祥院。在京都宇治建黄檗山万福寺为基地广传禅法，开日本黄檗宗。日本后水尾上皇赐'大光普照国师'号。有《普照国师语录》《法语》《松堂集》《太和集》《弘戒法仪》传世"[①]。隐元禅师创作的"茶诗"主要收录于《松堂续集》和《松隐老人随录卷》，有二十余首，今以《隐元诗文选》所收录的隐元"茶诗"为例，分析其创作特点。详见表1。

表1 《隐元诗文选》收录隐元"茶诗"

题目	卷集	编者
山房杂咏（两首）	松堂续集卷第二	侍者性派编
试茶	松堂续集卷第四	侍者性派编
酌茗（两首）	松堂续集卷第四	侍者性派编
怀古	松堂续集卷第四	侍者性派编
炉雪禅德过谒偈以赠之	松堂续集卷第四	侍者性派编

---

① 陈兵编著：《新编佛教辞典》，中国世界语出版社1994年版，第551~552页。

续表

题目	卷集	编者
暮春	松隐老人随录卷第一	侍者道节录
过山庵	松隐老人随录卷第一	侍者道节录
元宵	松隐老人随录卷第一	侍者道节录
雪中煮茶（五首）	松隐老人随录卷第三	侍者道节录
偶成	松隐老人随录卷第三	侍者道节录
寿参议乾庵陈檀越七十初度	松隐老人随录卷第三	侍者道节录
释隐元与道·谢雨联句（三首）	松隐老人随录卷第三	侍者道节录
端阳日应柏堂禅人斋	隐元和尚耆年随录卷一	侍者道澄编录

一、隐元"茶诗"用典"赵州茶"

隐元禅师创作的"茶诗"多数引用禅宗典故"赵州茶",《五灯会元》卷四载："师问新到：'曾到此间么？'曰：'曾到。'师曰：'吃茶去。'又问僧，僧曰：'不曾到。'师曰：'吃茶去。'后院主问曰：'为甚么曾到也云吃茶去，不曾到也云吃茶去？'师召院主，主应喏。师曰：'吃茶去。'"[1]典故中的"师"指的是赵州从谂禅师，他借用茶来开示学人，体悟禅宗讲的无取舍、无差别境界，茶因此与禅结下不解之缘。隐元禅师的"茶诗"更是多次引用"赵州茶"的公案，如《山房杂咏》中的"点醒劳生千劫梦，全凭赵老一杯茶"；《酌茗》中的"兀坐谁为侣，独斟赵老茶""聊斟赵老茗，舌放碧莲花"；《怀古》中的"赵老眼眯眯，逢人唤吃茶。聊斟三五盏，舌上放莲花"；《炉雪禅德过谒偈以赠之》中的"扣参黄檗室，共酌赵州茶"；《元宵》中的"众德同迎天上福，老夫独享赵

---

[1]（日）前田惠云、中野达慧等编：《卍续藏经》第 80 册《五灯会元》卷第四，"赵州观音院从谂禅师"条目。

公茶";《雪中煮茶》中的"□来对嚼赵公茶,舌卷香风共一家""日常闲坐独斟茶,返忆赵州老作家";《寿参议乾庵陈檀越七十初度》中的"聊捧东溟水,烂烹赵老茶"等,这些"茶诗"中提及的"赵老""赵州""赵公"就是赵州从谂禅师,隐元禅师引用"赵州茶"的典故,旨在点醒学人体悟"无差别"的平常心。

二、隐元"茶诗"系清新淡雅生活的写实

作为禅师,隐元并非不食人间烟火,只是他的生活保持着清新淡雅的素朴风格。他严格遵守佛教戒律,不吃荤,不饮酒,由于茶与禅有密切渊源,喝茶成为他的日常生活习惯。如《山房杂咏》写:"年老无事可干怀,闲啜清茶三五杯。燕坐默然对雪月,兴来说偈迅风雷。"老境对于一般人来说或许是不堪忍受的。尤其是对于现代人而言,一旦退休之后,从繁忙的工作状态中抽离,若不善于调整心理,极易陷入空虚、迷茫的精神状态。若借助茶与禅,或许可以起到治愈的作用。隐元禅师年老无事之时,就喝三五杯清茶。喝茶之于隐元来说并非有意为之,只是生活习惯,在无为的喝茶行为中体验无为的境界,面对风花雪月,有时默然以对,有时出口成偈。《暮春》中写:"霜颅雪茂老诙谐,竟日松门两扇开。自得胸中无俗物,却领格外有贤才。鸟啼花落春归去,茶熟香清客到来。对坐罄谭微笑旨,俨然一会在蓬莱。"诗中提到作者"胸中无俗物",显然,在隐元看来,茶并非俗物,他用茶来招待的客人,自然也不是俗人,所以才会有"对坐罄谭微笑旨,俨然一会在蓬莱"的感觉。这些"茶诗"都是隐元对清新淡雅日常生活的现实书写。

三、隐元"茶诗"抒发茶的"洁敬"精神

日本茶道的开山祖师村田珠光曾用"谨敬清寂"四字来代表茶道精神，后来千利休禅师将之改成"和敬清寂"，一直流传到今天，日本茶道十分重视"敬"字。其实有学者考证，日本茶道源于中国的径山茶宴，这是另一个话题，本书不多作探讨。明清之交从中国福建到日本弘法的隐元禅师，他创作的"茶诗"，多抒发饮茶之时的"洁敬"精神。《过山庵》一诗写："移杖闲探净者家，殷勤洁敬几杯茶。謦谈般若开心印，直指菩提长慧芽。百岁繁华皆梦幻，一时庆会乐无涯。题辞言别龙蛇走，不觉舌敷优钵花。"诗中说隐元到"净者"家，也就是到一个居士家里，探望，两个人畅谈般若心性，用来助兴的一定不是酒，而是"殷勤洁敬几杯茶"，茶的"洁敬"与心的"洁敬"互相融通。又如《端阳日应柏堂禅人斋》写："杯茶洁敬老风颠，心眼圆明玉镜悬。照彻本来无一物，阐扬正法遍三千。时时护惜家中宝，念念返观水上莲。五日胸开全意气，风光觌露柏堂前。"隐元禅师自比老疯癫，外形像老顽童，但心性却是"心眼圆明""风光觌露"，毫无做作，这一切的由头是"杯茶洁敬"，由此可见隐元禅师对茶的钟爱。

四、隐元"茶诗"的幽默与风趣

同样是与友人的聚会，隐元禅师还有几首与道士谢雨的联句，也提到茶。

隐 元

仙翁冒雨入山家,何事当机缩爪牙?
不独浑身泥水湿,片心搅扰乱如麻。

谢 雨

仙翁冒雨入山家,为吃赵州一碗茶。
莫怪无言为拟议,春霖洗落满山花。

隐 元

浮囊击碎了无家,竟日贪杯酒当茶。
出卖风云夸好手,争如舌上吐莲花。

以上隐元所作两诗显然是以幽默、戏谑的口吻嘲讽道士谢雨,说谢雨的外形浑身泥水,谢雨的内心乱如麻,谢雨的生活状态是"竟日贪杯酒当茶",谢雨也假装谦虚地表示冒雨拜访隐元是"为吃赵州一碗茶",因为喝了赵州茶,可以如隐元所言"舌上吐莲花"。不能从文字表面来看待两人境界之高低,一僧一道,既可以联句酬对,说明他们的境界相当,水平相近才可以互相切磋。幽默的联句酬对,凸显"赵州一碗茶"的可贵。隐元禅师在《偶成》中写道:"日常静悄悄,兀坐露堂堂。一棒竖宗眼,杯茶醒梦狂。"在他看来,茶可以化烦恼为清凉,它不但是人们日常生活中的清醒剂,也是习禅者通向开悟的重要道具。隐元禅师的茶诗文笔优美、意境深远,值得吟诵、珍藏。

朴老题咏

赵朴初曾担任过全国政协副主席,与他还以书法和诗词闻名,曾担任过中国书法家协会副主席。他的诗词作品先后有《滴水集》、《片石集》和《赵朴初韵文集》。《滴水集》和《片石集》是他在工作之余创作的诗词曲集。赵朴初逝世之后,其夫人陈邦织女士的堂弟陈邦炎,为纪念赵朴初,从各方收集赵朴初一生创作的大量诗词曲编辑了《赵朴初韵文集》。此外,赵朴初还曾担任过中国佛教协会会长,其所著《佛教常识问答》流传甚广,这本书兼具学术性与通俗性,为佛教文化的传播做出巨大贡献。此外,他所作的报告、讲话、谈话、文章、信件等又被汇集为《赵朴初文集》,为后人研究其生平和思想提供了重要的资料。

一、赵朴初与黄檗宗结缘

赵朴初与黄檗宗结缘还要从他两次访问日本说起。1955年8月,赵朴初作为中国代表团成员,第一次前往日本参加禁止原子弹、氢弹世界大会,此次大会的宗旨就是"世界和平",所以赵朴初在当时的诗作《访问日本杂诗二十首》中处处体现"和平"字眼。8月9日飞抵东京,写有一诗:"我来沧海不扬波,万里云开喜气多。去杀胜残凭众力,大众携手唱平和。"之后访问长崎原子弹爆炸中心地,写有《记长崎大会上原子弹受伤者》一诗:"千万孤儿慈母泪,一齐倾向讲台前。看教泪化和平海，万众潮音响彻天。"8月12日，由云仙经岛原、福冈，至大阪，写有一诗："翻山航海复飞行，变化鲲鹏此日程。到处欢迎复欢唱，平和唱罢唱和平。"8月18日，日本佛教界为中国在日殉难烈士及中国佛教协会故会长圆瑛法师示寂三周年举行法会，赵朴初写诗："普门一念同回向，礼赞香花忏悔辞。识得和平为佛事，十方世界共扶持。"此行最后一首诗《游箱根》再次提到和平，其末句为"人间净土非难得，为取和平万万年。"①这次的出访虽然并非宗教性质，但是赵朴初由此接触到日本佛教界人士并受到他们热情接待和对"和平"积极的呼应。1961年7月，赵朴初作为中国宗教界代表团成员再次来到日本，出席"世界宗教徒和平会议"。正是在这第二次赴日期间，赵朴初参访了京都宇治黄檗山万福寺。《滴水集》和《赵朴初韵文集》都收录了《寿阳曲七首·东行杂咏》组诗，七首诗歌分别为《奈良》《知恩院》《黄檗山》《清水寺访大西长老》《平等院》《比叡山》《喜寿，贺藤井日达长老》。其中，《黄檗山》一诗写道："普茶饭，倍情亲，一堂早课随钟磬。真个是万里香花结胜因，三百载一家心印。"②注释中提到："黄檗山万福寺，我国明末高僧隐元禅师东渡后所创建。余往返，寺僧殷勤治斋留宿。晨起同僧众上殿，课颂仪式，一如吾国寺庙。"③隐元禅师原为福建福清黄檗山万福寺住持，1654年应长崎兴福寺住持逸然性融及护法居士的邀请，东渡日本，先后弘法于长崎兴福寺、崇福寺、摄津普门寺，1661年在德川幕府的支持下在京都宇治开创新寺，因怀念祖山故土，遂同样将其命名为黄檗山万福寺，诚如赵朴初所言，僧众上殿、课颂等佛教仪式是从中国带过去的。隐元禅师一行带去中国的文化，包括建筑、雕刻、书画、音

---

① 赵朴初：《赵朴初韵文集》，上海古籍出版社2003年版，第17~23页。
② 普茶：佛寺中的一项集体活动，请大众一起喝茶。
③ 赵朴初：《滴水集》，作家出版社1961年版，第142页。

乐、饮食、医药等,比如长崎锦带桥的建造受《西湖游览志》中"苏堤"的启发,又如福建人常吃的四季豆如今在日本被称为"隐元豆"。

二、赵朴初所作与黄檗宗有关诗词对联

除了上述《黄檗山》一诗之外,赵朴初还创作有其他相关诗词、对联。查阅《赵朴初韵文集》可见:如1981年写有《梶骨宗忍长老率临济黄檗友好之翼代表团来访,作呈印可》:"来去云天作么生?只缘棒喝太多情。虽云黄檗无言句,属耳灵音天地惊。"[①]1986年5月19日写有《重修临济塔功德圆满,赋赠日中友好临济黄檗协会访华团诸大德长老》:"厉厉孤明,照彻边际。巍巍一塔,撑拄天地。曲唱黄檗,风嗣临济。法幢同扶,两邦兄弟。"[②]1991年9月,纪念隐元禅师诞辰四百周年,赵朴初献词二首[③]。其一为:"斋堂随众普茶饭,昔岁因缘系梦思。四百年来桑海换,宗风不改隐元师。"这首诗其实就是对前述《黄檗山》一诗的呼应,注释中清楚解释道:"余三十年前访宇治黄檗山万福寺,诸上人殷勤留宿,以普茶饭相饷。次晨起,随众上殿课颂,仪式一如吾国寺院。"其二为:"开山过海非常业,立德传灯无尽年。黄檗婆心常忆念,东西两岸共婵娟。"与第一首相比,这首流传更广。稍作解释,"开山过海非常业",古代虽然已有航海技术,但常常无法对抗海上莫测的天气、巨大的风浪,稍有不慎就有丢失性命的危险。比如隐元弟子也懒性圭就先于隐元应请东渡,结果遭遇不测,所以要"立德传灯"就要有不畏艰险、不怕

---

① 赵朴初:《赵朴初韵文集》,上海古籍出版社2003年版,第313页。
② 赵朴初:《赵朴初韵文集》,上海古籍出版社2003年版,第412~413页。
③ 赵朴初:《赵朴初韵文集》,上海古籍出版社2003年版,第572~573页。

牺牲的意志。到了日本之后，心中时常忆念故山祖庭，乃至以古黄檗来命名新黄檗，所以就写出"东西两岸共婵娟"这样的诗句。1991年佛吉祥日，也就是农历的四月十五，赵朴初为福清黄檗山万福寺重修志庆写下一副对联："缘起是道场，所见一色一尘，便合无边理性；境空开宝藏，认得即心即佛，现成万福庄严。"①他还有《福清黄檗山万福寺法堂联》："万劫婆心，原来佛法无多子；福田智种，重见圆珠七尺身。"②联后有注："大愚为临济：'黄檗与么老婆心切，为汝得彻困，更来这里问有过无过。'师于言下大悟，乃曰：'原来黄檗佛法无多子。'裴休《赠黄檗山僧希运》：'曾传达士心中印，额有圆珠七尺身。'"③此联未标注时间，但按编排顺序推测应为同一时期所创作。1994年，赵朴初还为福清万福寺时任方丈戒文法师题词："山中多法侣，禅诵自为群。城郭遥相望，惟应见白云。"

除诗词、对联之外，赵朴初在演讲中提及对黄檗宗僧侣的感谢。1993年9月28日，赵朴初在日中佛教友好交流纪念大会上的讲话指出，回顾两国四十年来的友好历程，要特别感谢那些做出贡献的日本佛教各宗派长老和居士，特别是那些已经离世的老前辈，包括椎尾辨匡、大谷莹润、菅原惠庆、高阶珑仙、大河内隆弘、塚本善隆、大西良庆、西川景文、山田无文、村濑玄妙、秦慧玉以及丹羽廉芳等长老。④致谢中提到的村濑玄妙长老，又叫玄妙广辉，系日本宇治黄檗山万福寺第五十七代住持，日本长野县人，俗姓濑氏，法系为黄檗宗万寿派绿树下。弟子有宏庵智圆、泰山智深、亘令兴宗等十余人，著有《现代碧岩录》《无

---

① 赵朴初：《赵朴初韵文集》，上海古籍出版社2003年版，第765页。
② 福田："田以生长为义，人若行善修慧，犹如农夫于田中下种，必能获得福慧之善报，故名'福田'。"详见陈义孝编：《佛学常见词汇》，佛陀教育基金会2018年版，第483页。
③ 赵朴初：《赵朴初韵文集》，上海古籍出版社2003年版，第765页。
④ 赵朴初：《赵朴初文集》，华文出版社2007年版，第1220页。

门关》《茶禅一味》等。①

三、赵朴初与中日友好交流

赵朴初与中日友好交流的事迹同样体现在他的诗词作品当中。1978年8月12日《中日和平友好条约》签订时，他欢喜又慎重地写下《庆东原》："豪气千山发，欢声两岸哗，二千年史册添佳话，喜辛勤种瓜得瓜，遍西东天涯海涯，结同心彩带如霞。太平洋长护太平花，好相扶不许谁称霸。"②希望两国守望相助，共护"太平之花"。赵朴初诗词作品题材、内容等极为广泛。正如其书法作品自创一体"赵体"，他改造日本的俳句而创造出独具特色的"汉俳"。俳句原是日本的古典短诗，一首完整的俳句三句十七音：首句五音，次句七音，末句五音，首尾句同韵。受"季语"的限制，诗中要点出季节。1980年5月，以大林野火为团长的日本友好访问团访问中国时，赵朴初作汉俳，其中云："绿荫今雨来，山花枝接海花开，和风起汉俳。"③1982年5月29日，为纪念中日邦交正常化十周年，赵朴初作汉俳十首，分别为《度尽劫波》《相逢一笑》《慈航东渡》《送还遗骨》《不战之誓》《鉴真和上》《友好条约》《岚山诗碑》《法乳恩情》《总理访日》。④1995年7月1日，在日本远州流茶道中日文化友好交流访华团答谢宴上，赵朴初即席作汉俳："相见

---

① （日）榊原直树：《黄檗宗大本山万福寺历代住持集》，黄檗宗布教师会2011年版，第76页。
② 赵朴初：《赵朴初韵文集》，上海古籍出版社2003年版，第266~267页。
③ 朱洪：《赵朴初传》，人民出版社2004年版，第203页。
④ 赵朴初：《赵朴初韵文集》，上海古籍出版社2003年版，第341~345页。

更相亲，七碗和风腋下生。诗味共茶清。"①除了古体诗词的写作，赵朴初也用现代诗来表现中日友好交流，如《中日邦交恢复十五周年纪念题词》，系为旅日华侨二十一世纪中日青年交流促进会所作。在诗作的后半部分，诗人深情地写道："让我们回顾十五年，更回顾两千年的弟兄情谊。历史要千万珍惜，未来要加倍努力。让我们的眼睛注视着廿一世纪，让我们的心血交流到廿一世纪。为中日青年的进步和幸福，为世界的和平永远合作在一起。"②赵朴初始终关注世界和平，作为佛教信仰者，他看到佛教在中日人民交往中的媒介作用。1995年10月17日，他在"二十一世纪中日佛教友好交流展望"座谈会上的讲话指出："面对新的世纪，对于中日佛教友好交流，我们大家首先要更加明确和坚定一个信念，即：中日友好是亚洲和平和世界和平的重要保证，而中日佛教友好则是维系中日友好的'黄金纽带'，具有无比珍贵和坚固的价值，它对于唤醒人类的良知、遏止人性中恶的因素的膨胀，对于维系和发展两国和平友好力量，有着不可替代的特殊力量。"③据媒体报道：2021年2月26日，由中国福建省铸造的梵钟"世界和平钟"送达日本长崎兴福寺，其正面刻"世界和平"，背面刻"黄檗流芳"，11月14日这一天，长崎兴福寺建寺四百周年纪念法会暨隐元禅师铜像揭幕以及"世界和平钟"的落成仪式同时举办。④当世界和平钟敲响的时候，我们就会想起赵朴初，因为早在1985年，他曾题写过一首诗《题日中友好之钟》："风月同天，友谊万年。东西相应，梵音普宣。"⑤这和平的钟声，依然余音缭绕，绵延不绝。

---

① 赵朴初：《赵朴初韵文集》，上海古籍出版社2003年版，第671页。
② 赵朴初：《赵朴初韵文集》，上海古籍出版社2003年版，第504~505页。
③ 赵朴初：《赵朴初文集》，华文出版社2007年版，第1331页。
④ 王朝阳：《必有东方天明之时——记长崎东明山兴福寺建寺400年纪念法会》，源自"人民中国"公众号，2011年11月19日。
⑤ 赵朴初：《赵朴初韵文集》，上海古籍出版社2003年版，第387页。

资料释读

2019年6月底，笔者获邀参加在日本长崎举办的"隐元禅师与黄檗文化"日中论坛，论坛期间考察了日本黄檗宗寺庙圣福寺，承蒙住持昌弘仁明法师许可，拍摄到该寺收藏的一批黄檗资料，其中包括字画与信函。

一、圣福寺藏字画

笔者所见长崎圣福寺藏字画包括隐元、木庵、即非像和黄檗三禅师次韵以及圣福寺首任住持铁心道胖像。

1.隐元、木庵、即非像

在日本江户时代，有一对父子擅长黄檗肖像画，父亲叫喜多道矩，儿子叫喜多元规。他们都曾经画过隐元禅师骑狮的画像。这幅图究竟为谁所作？由于该图左下角的钤印有"元规"二字，由此判断，应为喜多元规所画，又根据近藤秀实《波臣画派》一书，书中提及日本宽文四年，也就是1664年，喜多元规作《隐元、木庵、即非像》，该画像由京都法林院收藏。① 由此我们可以确定，眼前的这幅画由京都法林院收藏。画像是1664年创作的，但画作上方的隐元禅师题词并非同时题写。因

---

① （日）近藤秀实：《波臣画派》，吉林美术出版社2003年版，第146页。

图 26　隐元、木庵、即非像

为隐元在题词的末尾标注了时间"岁庚戌仲冬日，黄檗隐元老僧自题"，也就是1670年农历十一月。隐元禅师题写的内容可分为三句：第一句是"骑个狮子，一如天然"。狮子在佛教里是吉祥兽，文殊菩萨的坐骑就是一只狮子。狮子是森林之王，一吼百兽震惊，所以佛经里又将佛陀说法比喻为"狮子吼"，这个比喻中，"狮子"不再是坐骑，而是佛陀的象征。第二句是"助扬师道，耀后光前"。中国禅宗的临济宗黄檗派，由隐元禅师带到日本，发展演变为日本黄檗宗，隐元禅师希望将这一支法脉发扬光大。第三句是"杖头突出超方眼，直透西河玄上玄"，指禅修过程中超越平凡，获得极高的眼界，从而达到顿悟的最高境界。

2. 黄檗三禅师次韵

隐元禅师与弟子木庵禅师、即非禅师三人的书法成就极高，被誉为"黄檗三笔"，这幅书法作品就由三人联手创作。三首诗都赞颂黄檗山的天柱峰。福清黄檗山有十二峰，分别为宝峰、屏幛峰、紫薇峰、狮子峰、香炉峰、佛座峰、罗汉峰、钵盂峰、天柱峰、五云峰、报雨峰、吉祥峰。宋代的王大复将黄檗十二峰的名字用一首诗连接起来，为《叙题十二峰》："宝峰屏幛紫薇边，狮子香炉佛座前。罗汉钵盂天柱上，五云报雨吉祥连。"[①]诗歌特有的韵律感更方便大家记诵。据明代永历《黄檗山寺志》的记载，隐元隆琦和他的师父费隐通容都曾写过《黄檗十二峰》组诗，分别称颂这十二座山峰。

---

① 林观潮标注：《中日黄檗山志五本合刊》，宗教文化出版社2018年版，第57页。

图 27　黄檗三禅师次韵

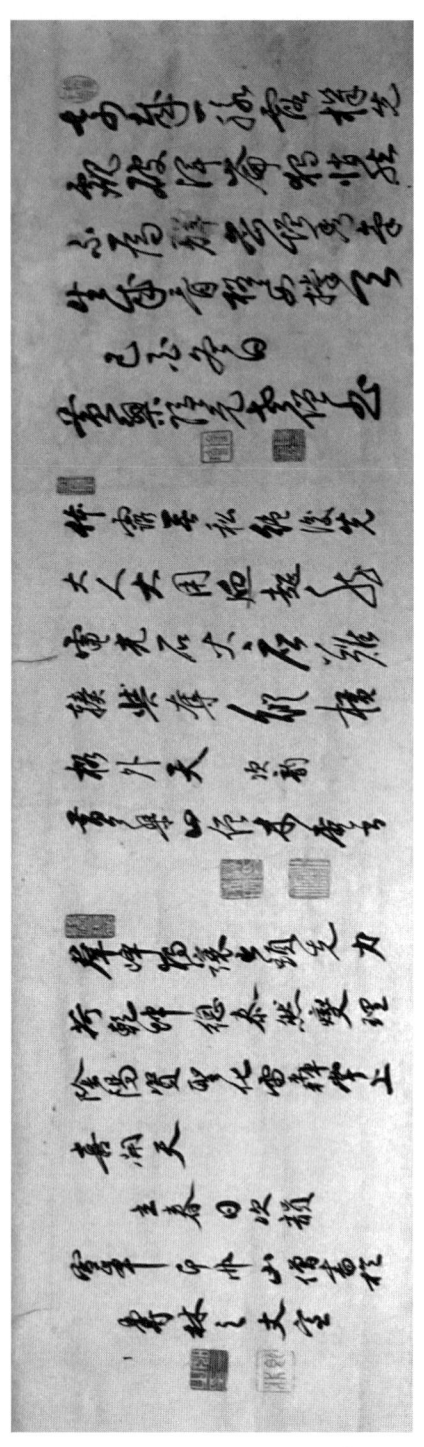

中国传统上以右为尊，这不但体现在官场以及日常生活当中，就连书画艺术也不例外。这幅书法作品最右边就是隐元禅师的《咏黄檗十二峰·天柱》："奇哉一脉露机先，觑破浑仑独峭然。不为群峦增秀气，生成骨格要撑天。"这首诗偈描绘佛法本体，以天柱峰象征佛法本体至大至刚，最为尊贵。诗末标有创作时间"乙酉冬日黄檗隐元老僧书"，乙酉年是1669年。

　　中间一幅诗偈为木庵禅师题写，题目是"次韵天柱峰"，依照隐元禅师诗一样的韵律，写一首唱和的诗："体露无私绝后先，大人大用迥超然。电光石火应难辏，与夺纵横格外天。"这首诗是对佛法呈现的描绘，没有高低与先后的区别，要掌握时机，十分迅捷地把握禅宗的精髓。这幅作品末尾未标注创作的时间，但肯定创作于隐元禅师的诗作之后。左边一幅是即非禅师的作品，题目也是"次韵天柱峰"，同样是唱和。内容为："群峰独让出头先，力荷乾坤总泰然。燮理阴阳资圣化，雷轰掌上喜开天。"[①]这首诗说佛法能够调节世间万物，使普通人转为圣人。即非诗的末尾标有"立春日次韵雪峰即非山僧书于寿林之丈室"，寿林应指长崎的圣寿山崇福寺，即非禅师的诗是赴日后所作。按照作品的排列顺序，木庵禅师作诗的时间于隐元禅师之后、即非禅师之前。所以这是跨越时空、汇聚黄檗三笔的珍贵作品。

---

①　燮理：协和治理。

图 28 铁心道胖像

3. 圣福寺首任住持铁心道胖

铁心道胖出生于1641年10月24日,父亲是福建漳州的陈朴纯,母亲是日本人西村松月院。铁心道胖是木庵性瑫的弟子,临济宗第三十四世。1677年,铁心道胖创建长崎圣福寺并担任住持。圣福寺与长崎另外三所寺庙——兴福寺、崇福寺、福济寺并称"四福寺",为当时往来长崎的中国侨民提供宗教乃至贸易方面的服务。铁心道胖后来还担任过东京瑞圣寺住持。1710年10月3日圆寂,享年七十岁。[①]画像的上方有铁心道胖题写的语录:"奇哉奇哉,从幼入道,操持有年。禅不会道不明。逢人会云:吃茶去!既是操持有年,因甚却谓禅不会、道不明?咦!不立庭前雪,那知个里人。龙集戊子仲春日,圣福开山现住瑞圣铁心胖老僧自题。"这段语录记载了铁心道胖出家的心路历程:铁心道胖出生两个半月,其父陈朴纯就去世了,铁心道胖十四岁时就拜木庵禅师为师,剃度出家为僧。语录中还引用了两个禅宗典故:一个是唐代赵州禅师"吃茶去"的典故,告诉我们不要有分别心;另一个是北魏时期慧可禅师"庭前立雪"的典故,告诉我们要努力精进地修行。根据语录末尾的标注,铁心道胖题字的时间是戊子年,也就是1708年,但画像的作者及作画的时间都无法确定,2016年发行的《圣福寺保存会五十周年纪念志》中也没有相关记载。

二、圣福寺藏《唐船寄附状帖》

圣福寺藏有一批明清之际寺院僧人与中国贸易船主之间的珍贵信

[①] (日)榊原直树:《黄檗宗大本山万福寺历代住持集》,黄檗宗布教师会2011年版,第93页。

函，目前约有一百封左右，包含从第十五番船到第七十七番船为止的通信记录，十五番船之前的信函已遗失。通常是同一内容的信函抄送三份，分别寄给铁心道胖大师、松月院（也有写作松月庵）大师、圣福寺修理禅师。

今举一例：第十五番船的船主黄哲卿写给铁心道胖的信，内容如下："久仰台兄，未及一会，怅怅。前送上之货，本不当琐琐，因开棹在尔。分交来手太右门带来为感。铁心大和尚座下，十五番弟子黄哲卿拜具。"这封信写于1707年（日本宝永四年），至今已有三百多年。意思不难理解：黄哲卿有一批货物送到圣福寺住持铁心道胖的手上，在准备离开长崎的时候，黄哲卿写了这封信催讨银钱。虽然是催讨行为，但措辞十分有礼貌。黄哲卿常年往返于中日从事贸易，据大庭脩《江户时代日中秘话》记载，1725年（日本享保十年），他乘二十六号船到达日本，那时黄哲卿已经七十三岁。该书还记载了一件事：黄哲卿在中国没有子嗣，但在长崎娶了一位日本妻子为他生下儿子，所以不顾年迈常年航行往返于中日两国。① 根据这批信函与其他史料推测，当时中日两国的海上贸易，包括圣福寺在内的黄檗宗寺院，可能是重要的中转站。

因为是从事贸易行为，所以离不开数字，这批信函中出现民间特殊的数字符号，被称为苏州码子，苏州码子的拼写规则如下：符号"｜ ｀｜ ｀｜｀｜ Ⅹ 8 〧 〨 〩 攵"对应的是"123456789"。详见表2。

表2 苏州码子与阿拉伯数字对照表

苏州码子	｜	｀｜	｀｜｀｜	Ⅹ	8	〧	〨	〩	攵
阿拉伯数字	1	2	3	4	5	6	7	8	9

比如六十八番船的货单，就使用大量苏州码子，根据拼写规则译出

---

① （日）大庭脩著，徐世虹译：《江户时代日中秘话》，中华书局1997年版，第174~175页。

具体的数字，如图29货单所示：桔饼三桶共重452(斤)，共除桶72(斤)，实重380（斤）。列出数学等式如下：452-72=380（斤），由此可见，苏州码子的译写完全正确。

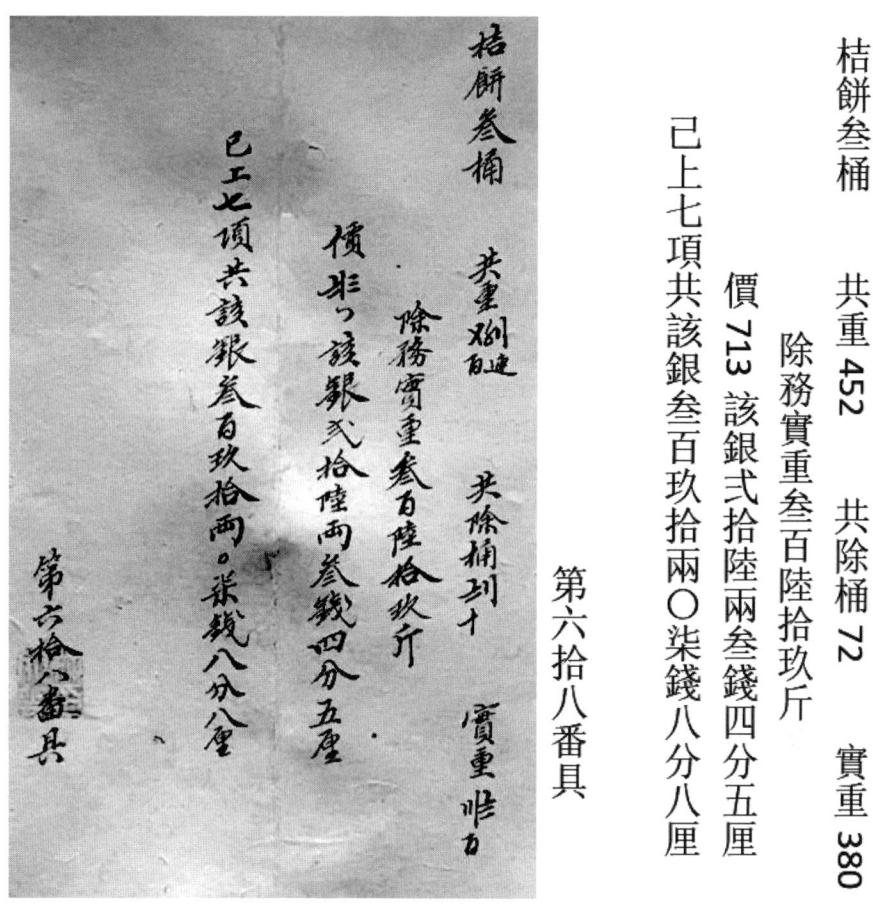

桔餅叁桶　共重452　共除桶72　實重380
價713　該銀弍拾陸兩叁錢四分五厘
除務實重叁百陸拾玖斤
已上七項共該銀叁百玖拾兩〇柒錢八分八厘

图29　第六十八番船货单

103

福清县志

　　福清是黄檗文化的发源地，日本黄檗宗的开山祖师隐元禅师是福清人，其弟子即非如一、慧林性机，法孙高泉性潡等都是福清人。这批东渡高僧的故乡，他们早年的生活环境究竟怎样？为弄清这些问题，了解他们生活时福清的人文、地理等状况是最佳途径，可通过查阅《福清县志》来进行。

　　宋代的林亦之、黄锷撰有《玉融志》（玉融为福清的别称），但已失传。明代的林有年（号寒谷）于嘉靖十三年（1534年，甲午）纂修《福清县志》十卷，这十卷《福清县志》已经刊刻，但也已不存。随后周坤著《玉融志》十卷，郭万程著《福清辨》《玉融山图记》等四卷，叶向高重修《玉融城池志》《人物志》《武功志》《闺贞志》四卷，郭应响修《玉融新志》十卷，王诚修《玉融志》四卷，这批县志均为明代士人所修，可惜均未刊刻发行。[①] 现存见诸古籍数据库的《福清县志》有三种：其一为清代李传甲修、郭文祥纂《康熙福清县志》（1672年）十二卷，其二为饶安鼎、邵应龙修；林昂、李修卿纂《乾隆福清县志》（1747年）二十卷；其三为明末清初东渡日本的即非如一禅师编纂《嘉靖福清县志续略》未完成稿（1547年）。

---

① 福建省福清县志编纂委员会整理：《福清县志》，内部发行1989年，第10~11页。

一、《乾隆福清县志》中的黄檗寺僧

从编辑体例看,《康熙福清县志》与《乾隆福清县志》比较完整,后者在前者的基础上予以扩充完善,从十二卷扩展到二十卷,内容大幅增加,1987年福建省福清县志编纂委员会以内部发行的方式整理《乾隆福清县志》,字数多达六十五万八千字,为读者了解福清概貌提供了线索。

查阅了解黄檗僧人的情况,《仙释》中就有"释正干"和"释隐元"条:

> 唐。释正干。莆人,得法于曹溪。后辞归,至福唐黄檗山,乃曰:"吾师受记,遇苦即止,其在是乎?"遂结庵于兹,为黄檗之肇始云。[①]

> 明。释隐元。讳隆琦,邑灵得里东林。林氏季子也。年三十,礼本寺鉴源落发。有嘲者云:"东林也有佛耶?"琦云:"尝闻佛性遍周法界,岂外东林耶?"嘲者叹妙。甲子岁,往参金粟和尚,大彻源底。庚午,本寺耆旧请老和尚至山,同回寺中。秋八月,和尚返浙。琦见山中凄凉,云:"檗山苍翠叠层层,难掩孤贫一个僧。堪笑化工又未瞥,春来秋去太忙生。"辛未,往住狮子岩,辟辽天居,结团瓢亭以习静。丙子夏,侍御林汝翥请继黄檗法席,欲许未决。岩下有侧石如舟,游者以不平为叹。一夜持大悲咒三遍,默祝龙天:"此去黄檗,其道大行,此石可平为征。"次早,石果自平。乃

[①] 福建省福清县志编纂委员会整理:《福清县志》,内部发行1989年,第603页。

云："吾祝已验。"自为铭以记之。丁丑仲冬，至山开堂。明年启龙藏，三阅春秋，以答赐藏之恩。庚辰，重建大殿。越四载，山门僧寮咸备，成大禅刹。入斯门者，莫不皈依。大振临济之风，中兴黄檗之道。其功于前此殆有加矣。所著有《语录》十卷、《灵涛集》一册行于世。①

图30 黄檗晨钟

图30黄檗晨钟图来自福建省福清县志编纂委员会整理：《福清县志》，内部发行1989年，第74~75页。该志目录前列有方括图、县城图、县治图、学宫图、盐场图、海坛图、斗牛悬阁图、驻马环桥图、凤岭烟锄图、龙江月榉图、瑞岩丹洞图、福峤虹泉图、黄檗晨钟图、苍霞晚照图、石峰竹雨图、玉屿松涛图、君山观日图、蜃海嘘云图，每张图后列有文字说明。"黄檗晨钟图"作为地方名胜位列其中。

---

① 福建省福清县志编纂委员会整理：《福清县志》，内部发行，1989年，第604页。

释正干传说为六祖慧能大师的弟子，得到慧能的授记[1]，在福清黄檗山开山建寺，史料中有关正干禅师的记载不多，《福清县志》也仅有简略的记录。但关于隐元禅师的记载颇为详细，包括出生籍贯、剃度时间、地点、剃度师、得法师、护法居士、著述、偈语等信息，特别是提及隐元禅师的神异事件"自平石"：在担任黄檗山万福寺住持之前，隐元禅师在狮子岩修行，岩下有块石头像舟，隐元持咒发誓，如果黄檗之行顺利，石头就变平，第二天果然得到验证石头变平。"自平石"的故事属于僧人传记中的"神异叙事"，通过"神异叙事"揭示僧人的内在精神，塑造完善的人格形象。《高僧传》中经常有"神异叙事"，但普通的信徒关注的重点却往往在于此"神异事件"的真假与否。《即非禅师全录》卷十三中有一封信函《答肥州玄石居士》："四月初六日，接尊翰承问，记录载黄檗和尚昔隐狮岩时，将应黄檗之请，咒石自平，以卜行道，此段因缘实有此事否？某窃疑焉，更难解也！伏乞垂慈。山野曰：实有此事，无可疑者！足下无端起此一疑，这块石头早碍在胸中了也！山野不忍袖手，直为劈胸拈出也！"即非禅师的回答实际上是禅家的机锋，直接打破信众的疑惑，让疑团消融，而不再执着这个真假的疑问。

二、《嘉靖福清县志续略》的释家特色

《康熙福清县志》与《乾隆福清县志》性质相似，区别仅在于，后者的内容有所扩充，这两县志与释如一编纂的《嘉靖福清县志续略》区别较大。这是因为编纂者的身份不同，因为康乾两志编者为儒家，《续

---

[1] 前文已指出：学界认为慧能大师与正干禅师生卒年月有较大差距，寺志记载有误。

略》的编者为释家，对照志书中对相同内容的不同表述，读者很容易就能看出其中的区别。详见表3。

表3 《乾隆福清县志》与《嘉靖福清县志续略》对照表

	乾隆福清县志	嘉靖福清县志续略
龙山	在方民里，去县二十里，即海口山也，又名瑞峰。有寺。绝顶有石塔七级，可观日出。西麓有红莲楼、疏野堂，宋里人章氏所建。下为粗粆潭。南麓有林光朝草堂，艾轩先生自名其堂曰"绿野"。	在县东门外数里许，山低而平，林木郁森，为县之左辅。傍有寺，因山得名，即非头陀出家于此寺。有伽蓝神曰"五皇天仙大帝"，甚灵通，邑崇祀此为眆也。前有荔枝林，为夏狮岩孝廉宅。
黄檗山	在清远里。以山多产黄檗，故名。林峦重复，为邑之胜。梁江淹尝游此。有峰十二：佛座、香炉、吉祥、宝峰、钵盂、五云、罗汉、紫薇、屏障、天柱、狮子、报雨。瀑布澎湃泻石岩间，止而为潭。泉势高捷，下浚无底。潭口径八九尺。旧传有龙，祷雨辄应。上绝险处，复有一潭，人迹罕至。龙尝自下潭移上潭，所历有爪迹。山有黄檗寺。其西有蒿头陀岩，至今犹有乳香出石罅间。此山作邑西南障。	在县西三十五里，山产黄檗，故名。林峦重复，环抱绀宇。名峰十二，秀出云端。上有九潭瀑布，神龙所居。唐贞元时，沙门正干开山，希运断际和尚出家于此。梁江淹、宋丁谓皆有题咏。明万历中，神宗皇帝敕赐《龙藏》，并万福禅寺额。法堂东祀檀越叶文忠公铜像，比福庐犹肖。崇祯三年，天童密云老和尚莅此开法一期，径山费和尚继席三载，本山隐元和尚接席重兴焉。
灵石山	在清源里，去县四十余里。有三峰：曰九叠峰，其势插天，层级可数；曰留雪峰；曰报雨峰，士人以鸣为雨候，山巅有石，久晴鸣必雨，久雨鸣必晴。又有通天石、仙人岩、戏龙潭、碧玉洞诸胜。有苍霞亭，朱熹书匾及蟠桃坞石刻。又有香石，手摩有香气，故以灵石名。	在县西三十里，奇峰叠秀，岚翠如画。上有灵石声，闻必雨，雨久闻则霁。山下有大寺曰"善应"，角道砌方石条，阔丈余长，里许夹路，樟杉参天蔽日，沿曲涧而入。唐曹山本寂和尚，宋鼎需懒庵禅师俱在此出家。林、赵二姓舍田四十顷，为供佛膳僧福田。朱晦翁先生曾寓此书"苍霞亭"，三字犹存。
石竺山	在永寿里，去县西二十三里。山势龙蜒。其巅有石巍然，上粘蛎壳。其产少竹而多笋，春夏之交，乡人于此采笋，欲多则不可得，名济贫笋。山上有紫磨峰、狮子峰、象王峰、普陀岩。昔梁时林真人炼丹于此，丹成骑虎上升。今有虎迹岩、上升坛、石室、丹灶、鹤影石、朝斗石、双鲤石、棋盘石、伏虎石、宝所石、罗汉石、龟蛇山水、紫云洞、摘星台、洗耳泉、无尽泉、濯缨泉、半山亭诸胜。溪上有井，天旱不涸，或曰炼丹井。又以溪水饮病者即愈，故溪以"无患"名。	在县西二十里，林真君玄光尝炼丹于此，丹灶尚存。山形峭拔绝顶，石上有蛎房，壳亦可异，山下有紫云洞，洞前有龟山、蛇水、鹤影石，半山古径之傍，有藤萝数株，本大如斗，小者如升，蔓延数十丈，屈结高悬蟠古木上，恍怫虹龙腾空，皆兹山之绝胜也！上有林真君宫、何九仙观及白云精舍。何九仙乃林真君甥，在莆九鲤湖登仙，因祀以祈梦，四来祈者无不应。骏山产多笋，名济贫，笋味甚甘美，日给百人，取之不竭，感仙灵之有藉也。

108

续表

	乾隆福清县志	嘉靖福清县志续略
敛石山	在方兴里。下有龙潭，又有归云关、将军峰、玉女峰、一线天、猿头崖、五音石等胜。	在县西三十里，峰峦秀峻，野旷林幽。宋绍兴间敕建太平禅寺，石柱、石槽至今用之。寺之左，石壁千寻，悬瀑百尺，苍藤古木，长夏如秋。下即龙潭，祷雨有应。上有五音洞，洞垂五乳，乳具五音，击之响应山谷。宋密庵杰、双杉元二禅师俱出家于此，明叶台山相国有《游潭诗》勒于石壁。

同样描述山，就有很大的不同。其一龙山。《乾隆福清县志》对寺仅作简单介绍，《嘉靖福清县志续略》不仅介绍即非如一禅师在此出家，还介绍了伽蓝神之灵验。此外，《乾隆福清县志》介绍了林光朝的草堂，林光朝系福建莆田人、南宋理学名家，开创"艾轩学派"，《嘉靖福清县志续略》仅介绍夏狮岩孝廉宅，夏狮岩系佛教居士。其二黄檗山。《乾隆福清县志》重点介绍地势山形，对黄檗寺一笔带过，《嘉靖福清县志续略》则相反，地势山形一笔带过，重点介绍寺僧，有沙门正干、希运断际、天童密云、径山费隐以及隐元和尚。其三灵石山。《乾隆福清县志》重点介绍山上胜景以及朱熹的"苍霞亭"，《嘉靖福清县志续略》也提及朱熹"苍霞亭"，胜景略说，却补充介绍了善应寺僧俗的详情。其四石竺山（又名石竹山），《乾隆福清县志》主要介绍山峰、石洞、泉亭诸胜景，《嘉靖福清县志续略》却提到何九仙祈梦灵验，据隐元选编《三籁集》，其文末附录中收录了何九仙降乩所作的诗文。其五敛石山。《乾隆福清县志》简单介绍了几处名胜，《嘉靖福清县志续略》提及太平禅寺，提及密庵咸杰、双杉中元禅师，还提及为黄檗山万福寺获得赐藏居功甚伟的内阁首辅叶向高。

即非如一禅师在《嘉靖福清县志续略》序中阐述了编纂该志书的由来："喜者迩承从父汝读公，远寄先世藏稿四卷，具载数百年畴昔之事，得从日览，致我胸怀跃跃于玉融金翅间，如此人杰钟灵、风还邃古，

——皆从未见中见，未闻中闻，扩我耳目之聪，大展史节之概，第惜未广全篇而副遐赏。今秋阁锡云外，假此野鹤余闲，乃尽搜奇用广，遂将蚤岁见闻、有补于风化之未备者，一加增辑，列成一十八卷，名曰'福清志续略'。"即非禅师东渡日本辅佐隐元禅师弘法、开宗立派，之后就没回过故乡，但他的心中常常忆念祖山故土，曾写下不少相关诗作。编纂《福清县志》，似可宽解其对家乡的思念之情。即非带到日本的县志藏稿只有四卷，笔者推测应为叶向高重修的《玉融城池志》《人物志》《武功志》《闺贞志》四卷。即非禅师加以增辑，内容扩充为十八卷，但实际上并不完整，如卷十、卷十一、卷十五、卷十六、卷十七缺，有的卷宗非常简单，如卷十八只有几行字。可以推测，十八卷的结构是即非禅师的预想，但是由于各种困难，最终没有完成。但与佛教相关的章节却十分详细，如卷十二人物类《僧宝》，介绍了唐代的黄檗希运禅师、三平义中禅师、天台慧恭禅师等十五位禅师；宋代的吉州隆庆庆闲禅师、西禅鼎需禅师、教忠弥光禅师等十六位禅师；元代的天理永茂禅师、蒋山妙高禅师、天竺真如禅师等五位禅师；明代的百福文谦禅师、福严通容禅师以及黄檗隆琦禅师等三位禅师。对历代禅师作如此详细的介绍，一般出现在寺志当中，但即非禅师编纂的却是《福清县志》。显然这本《嘉靖福清县志续略》充分彰显佛教特色，这完全与编纂者的释家身份相适应。

《隐元》评述

《隐元》一书由日本学者平久保章所著，1962年，由吉川弘文馆出版发行第一版，1998年新版三刷。日本学者对于隐元禅师传记的研究，该书并非最早，如1916年高桥竹迷就出版了《隐元木庵即非》。除隐元禅师之外，高桥竹迷还撰写了隐元的两个弟子——木庵性瑫和即非如一的传记，三人的传记研究合成一册，因此单就隐元的部分而言，相对平久保章的著作就略显单薄。就目前日本研究隐元的著述而言，平久保章《隐元》一书堪称范本，它为后来林观潮的《隐元隆琦禅师》，吴疆的《蹈海东瀛：隐元隆琦与前近代东亚社会的本真危机》提供了重要参考和借鉴。正如平久保章在本书序言中所介绍的，该书是以如下三本资料为基础，一为隐元弟子独耀性日所编《黄檗隐元禅师年谱》，另外两本是《普照国师年谱》上下册，上册为隐元弟子南源性派在独耀性日所编《黄檗隐元禅师年谱》的基础上进行的修改增补，下册是南源性派在隐元法孙高泉性潡的协助下编录的。这些隐元生活时代的第一手资料，保证了传记研究的翔实与可靠。本书一共分为九章。

图31 平久保章著《隐元》封面

第一章，介绍隐元的出家与嗣法，对隐元的家族背景，包括父母、兄弟、亲戚，都进行了考证。但重要的文献《普照国师塔铭》被作者舍弃，理由是它被荻生徂徕认定是伪作。在无法找到力证的情况下，平久保章宁愿舍弃不用，这也说明作者谨慎的研究态度。依据《福清县志续略》，作者推定，隐元少年时曾在中峰社学求学。因父亲失踪，隐元二十岁时拒绝成婚，踏上寻父之旅，因此前往普陀山，在潮音洞担任茶头一职，此事成为隐元出家的契机。母亲的离世使隐元没有了世俗的牵挂，1620年，隐元依黄檗山鉴源法师剃度出家。作者对隐元出家之后的历史背景也进行了研究。在清朝和明朝军队战争胶着的形势下，隐元放弃北上为修复黄檗山万福寺举行的募捐活动，准备和时仁法师一起回黄檗山，却因与时仁问答不契而分道，隐元往浙江嘉兴和海盐遍访高僧听经闻法。在海盐县金粟山广慧寺，隐元跟随密云圆悟修学两年多。1628年8月，隐元跟随密云圆悟回到黄檗山，于狮子岩修行。费隐通容接替密云圆悟担任黄檗山万福寺的住持之后，费隐通容邀请隐元担任西堂，隐元由此成为费隐通容的法嗣并在其座下得法印可。费隐通容离开之后，隐元顺理成章地成为黄檗山万福寺的住持。

第二章，介绍隐元禅师两度担任福清黄檗山万福寺住持的经历。作者对福清黄檗山万福寺的历史进行考察，依据《黄檗山寺志》等资料，阐述了黄檗山万福寺的自然环境及其在历史上的盛衰过程。本章重点阐述隐元禅师担任住持期间对于黄檗山万福寺的贡献，主要表现为：第一，对寺院建筑进行大规模的重建与扩建；第二，开刻语录、开阅《大藏经》；第三，广招僧徒、教化大众；第四，确立寺院的经济基础。1637—1644年，隐元首度担任福清黄檗山万福寺住持；1644—1645年，隐元短暂担任浙江嘉兴福严寺、福州长乐龙泉寺住持；1646—1654年，隐元再度担任万福寺住持。作为明朝的遗民，隐元同情、伤心于明朝的衰亡。此外，有一件事令隐元十分痛心：弟子也懒性圭应日本长崎崇福寺招请东渡，却不幸溺水身亡。之后，长崎唐三寺也邀请隐元。作者认为，也懒性圭溺水事件为隐元东渡打下基础。

第三章，剖析隐元东渡的各种原因，记录初登日本寓居长崎的经历。作者罗列了隐元东渡的诸种说法并加以分析。其一，避乱东徙说。此说认为隐元只是一名为了躲避明末的战火而流徙的避难僧，作者指出这种说法明显违背事实。其二，为法渡日说。此说认为隐元受弘扬佛法的情感所驱使而东渡日本，这种说法亦来自隐元本人的著述。然而，作者也提到妙心寺派禅僧桂林崇深所撰《禅林执弊集》对之持否定观点。《禅林执弊集》认为，隐元是因其师费隐通容打败官司、屈辱失志才东渡的。作者认为这种说法过于穿凿附会。其三，家纲招请说。此说是从日本的视角来看待隐元东渡，主张隐元是应日本方面的招请而东渡的。此说有两三种版本，后来发展为德川家纲为实现三代将军德川家光的夙愿而延请的隐元。其四，奉王命渡日说。此说则载于《普照国师年谱》，作者通过分析《年谱》及编者南源性派的文字叙述特征，指出所谓的"王命"，其实是指长崎奉行的命令，由此出现第五种说法。其五，长崎奉行招请说。此说根源于逸然性融的第四次启请文，但作者指出，逸然性融的前三次启请中都没有长崎奉行招请的记录，该说与《宽明日记》《承应三年御日记》等幕府的记录也互相矛盾，所以该说无法采信。但作者也认为不能断言长崎奉行与招请隐元一事全无关系。上述分析可谓面面俱到，但作者并未明确点出隐元东渡的原因。不过，后来学者的研究弥补了这个缺憾。林观潮《隐元隆琦禅师》一书指出，"来自以兴福寺僧俗为首的长崎唐人（华人）的数度恳请，是隐元东渡的直接外因"，"满怀传法热情，弘扬临济宗风，播扬黄檗法派，是隐元东渡的内因"。[①]关于隐元赴日原因，吴疆《蹈海东瀛：隐元隆琦与前近代东亚社会的本真

---

① 林观潮：《隐元隆琦禅师》，厦门大学出版社2010年版，第90，95页。

《危机》一书亦有所论述。① 此外，第三章还介绍了逸然性融四次启请的经过，隐元到达日本后在兴福寺、崇福寺结制的盛况，介绍日本僧众的反响。

第四章，探讨了隐元侨居摄州普门寺的心路历程，分析各方对待隐元的态度。该章讲述了隐元禅师遭遇到的挫折，即受到妙心寺圣泽派长老愚堂东实的抵制，使得妙心寺的招请计划失败，妙心寺住持龙溪邀请隐元来到普门寺。最初隐元在普门寺受到监视而失去自由，之后得到幕府的允许开坛讲法，受到前京都所司代板仓重宗的重视，并去江户拜见幕府将军。隐元的境遇发生变化，再加上龙溪为挽留隐元四处奔走，隐元获得幕府支持在宇治开立新寺，遂决意留在日本。林观潮参考鹫尾顺敬相关著述后指出，"从某种意义上说，没有龙溪对隐元的彻底追随和献身支持，可能也就没有黄檗派的开立"②，由之可见龙溪性潜的重要作用。作者还参考《黄檗外记》，叙述了妙心寺方面部分僧侣对隐元表示反感的经过。

第五章，阐述了隐元禅师担任京都宇治黄檗山万福寺住持期间的业绩及其退隐之后发生的事情。隐元获得幕府的许可，在京都宇治建设新黄檗，本章主要描述新黄檗山万福寺建设期间的几件大事。其一是建造伽蓝，作者指出建造伽蓝所需巨大经费来自护法居士的捐赠，除德川家纲赐白金二万两和西域木之外，还有来自酒井忠胜、近藤贞用、青木重兼以及关备前守长政的夫人松仙院等人的捐赠。建筑工艺方面，聘请了福建泉州的范道生等能工巧匠来雕刻佛像，这些佛像至今留存，保存了明朝时期我国的佛像雕造艺术风格。作者指出，在寺院经济方

---

① 吴疆：《蹈海东瀛：隐元隆琦与前近代东亚社会的本真危机》，宗教文化出版社2021年版，第81~87页。

② 林观潮：《隐元隆琦禅师》，厦门大学出版社2010年版，第121页。

面，黄檗山的经济特色是住持经济和常住经济互相分离。其二是传授三坛大戒。担任住持期间，隐元举办了"黄檗三坛大戒法会"，退隐之后隐元又举行了两次"三坛大戒"法会，前后三次约有两千人受戒。隐元编纂《弘戒法仪》，制订《黄檗清规》，为黄檗宗的发展与兴隆奠定基础。作者还特意提及隐元制止紫衣运动。紫衣运动是隐元八十寿诞时，黄檗僧人为了让朝廷授予隐元紫衣而发起的运动，这事最后被隐元制止。该事件也真实反映了隐元东渡的初心，系为弘法而来，不为紫衣名利而来。平久保章也提醒研究者，在毁誉褒贬评价隐元时，不应忽略这个事件。

第六章，主要讨论隐元与日本僧俗的交往与教化。其一是与僧侣交往。在隐元东渡之前，日本佛教禅宗已有临济宗和曹洞宗；赴日之后，不少日本僧人因仰慕隐元的高风而前来参访。临济宗僧人有提宗慧全、洞水东初、如雪文岩等，曹洞宗僧人有铁心道印、龙蟠松云、丹岭祖衷等。尤其是提宗慧全，完全接受隐元的禅法，也继承黄檗山的整套规制。其二是与皇室朝臣的交往。隐元因法语奉答引起后水尾法皇的重视，之后后水尾法皇陆续赐给隐元御香、金子、佛舍利金塔、锦织观音像等，隐元作诗偈答谢。示寂前日，后水尾法皇赐隐元"大光普照国师"称号，足见法皇对隐元禅师的仰慕。与之交往的朝臣，包括幕府大老酒井忠胜、老中松平信纲，还有京都所司代、大阪城奉行、长崎奉行、幕臣、大名等。此外，还有各个阶层的地方信士。据平久保章的统计，与隐元交往的日本人中，除僧侣外，知道名字的就达四百多名。交往方式通常为亲自拜访、求取颂文、题赞或诗偈，隐元则通过这些文字宣说法义。在评价黄檗家风和教化手段时，作者指出隐元编撰《弘戒法仪》含有净土思想，黄檗山大众所用《禅林课诵》融入密教的元素。

第七章，介绍了隐元禅师示寂之前以及示寂之后的诸项事宜。高僧生命最后阶段的呈现，往往是作家们喜欢着笔的精彩片段，也会被弟子们详细地记录下来。平久保章关于隐元示寂的描述基本上按照隐元弟子慧林性机所编撰的《黄檗山开山隐元老和尚末后事实》来撰写。示寂之前，隐元留下不少诗偈，有写给故乡福建福清古黄檗护法居士和大众的，也有致谢后水尾法皇和幕府将军德川家纲的，当然最为精彩的是临终遗偈，表达了隐元功德圆满的境界，也被后人津津乐道。其偈云：

西来栗振雄风，幻出檗山不宰功。

今日身心俱放下，顿超法界一真空。

隐元示寂之后，宇治黄檗山的十余代住持都由来自中国隐元法系的僧人充任，作者认为隐元的这个决定能发挥黄檗山的特色并促进其发展兴隆。即使在后来由于客观环境的变化无法继续延聘中国僧人，而改由日本僧人担任住持，黄檗山依然维持其特有的明风佛教样式。作者还指出，其示寂之后，历代天皇对隐元皆有追封敕号，隐元禅师的影响力由此可见一斑。

第八章，主要讲述日本社会普通僧俗对隐元的"誉"，妙心寺派和曹洞宗祖规复古运动者对隐元的"贬"。由于精深的修持和崇高的威望，再加上日本皇室、幕府将军的支持，隐元禅师所代表的黄檗文化在江户时代的日本大为流行，受到仕宦文人的追捧，隐元、木庵、即非的书法作品被后人称为"黄檗三笔"，隐元弟子南源性派的诗歌、法孙高泉性激的文章也称羡于时人。融合"道德之美"与"文章之美"的"黄檗趣味"，显然成为高雅的生活方式。但作者指出，在禅林内部反对隐元的声音也很强烈。其一，为妙心寺派，龙华院第二代塔头无著道忠露骨地批判隐元是"名利之僧"；其二，为曹洞宗，由于受到黄檗宗的同化日益加深，引起警觉而发起祖规复古运动，如甘露英泉批判"隐元禅规非常黑暗"。该运动发起复兴"道元清规"，编修出版《永平大清规》。作者认为，之所以出现激烈批判的声音，是由于站在各自宗派的立场，若转换立场从黄檗宗的视角来看，则看法完全不同。作者指出，至少黄檗派的僧侣们认为，隐元继承了绝迹三百年的宗祖火焰，振兴了已经堕落的禅风。这一看法也出现在灵元上皇的诏书之中。

第九章，作者用表格以及树状图的形式罗列隐元禅师所开创黄檗宗庞大的法系。隐元禅师法嗣二十三人，日籍法嗣有龙溪性潜、独照性圆、独本性源三人，其余都是中国人。木庵性瑫和即非如一被称为隐元门下"二甘露门"。日本黄檗宗法系被分为十一派，为："木庵性瑫的法系称作紫云派，即非如一的法系称作广寿派，慧林性机的法系称作龙兴派，独湛性莹的法派称作狮子林派，大眉性善的法系称作东林派，南源性派的法系称作华藏派或天德派，独吼性狮的法系称作汉松派，龙溪性潜的法系称作万松派，独照性圆的法系称作直指派或翔凤派，独本性源的法系称作海福派，高泉性激的法系称作佛国派。"[①]

---

① （日）平久保章：《隐元》，吉川弘文馆1998年版，第256页。此段文字原文为日语，倪霞译。

图 32 隐元禅师遗偈

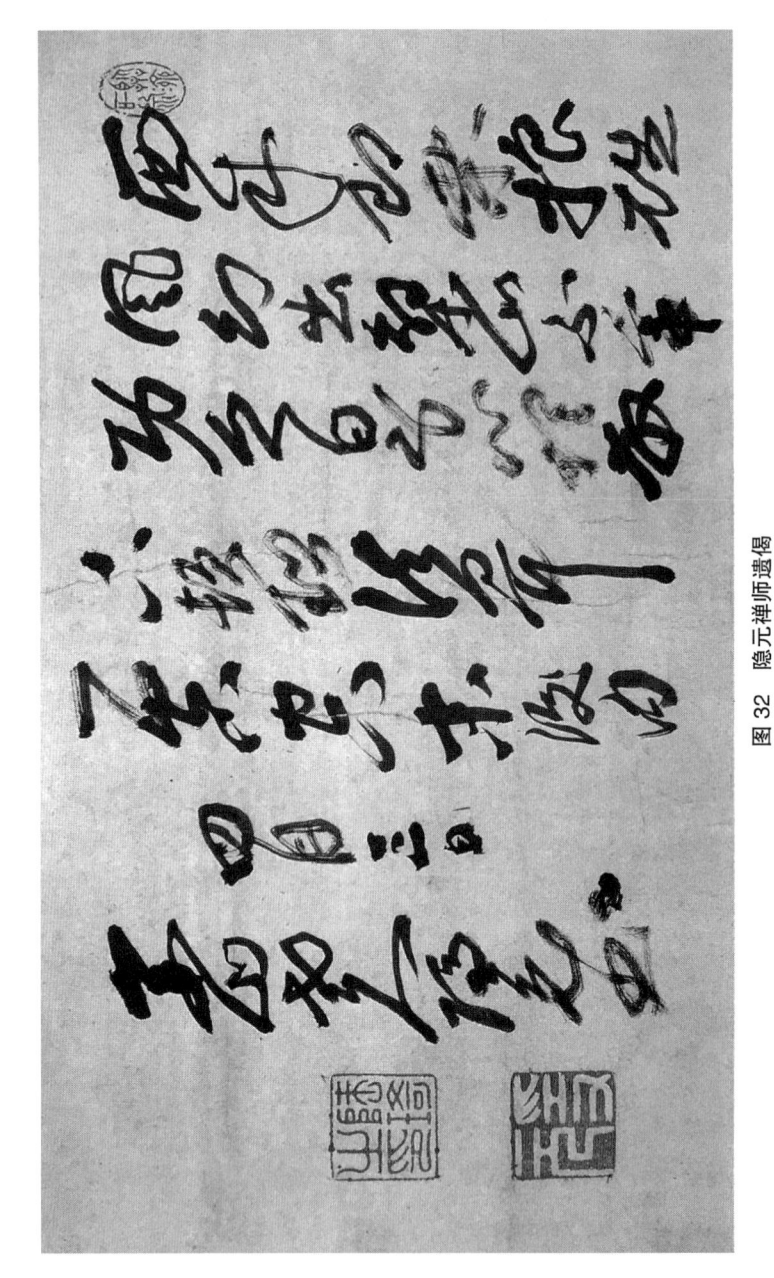

黄檗山万福寺文华殿、黄檗文化研究所编集:《隐元禅师御生诞四百年记念: 黄檗隐元》, 黄檗宗大本山万福寺 1992 年发行, 第 16~17 页。

附 录

附录部分包含《听中泽弘幸漫谈黄檗文化》与《黄檗山万福寺住持定明法师访谈录》两篇文章。

听中泽弘幸漫谈黄檗文化

2019年9月7日9:30—10:30，在福建师范大学校部胜利楼，举办了黄檗卖茶流先代家元中泽弘幸黄檗文化主旨演讲会[①]，活动由福建师范大学与一般社团法人黄檗卖茶流联合主办，由福建师范大学日本研究中心、福清黄檗文化促进会承办。中泽弘幸围绕"黄檗文化"用日语作了精彩的演讲，由厦门大学林观潮副教授担任现场口译，由福建师范大学李湖江副研究员作文字整理。

林观潮： 各位老师、同学们，早上好！我是福建师范大学中文九一级毕业的，1987年入学。我简单介绍一下，中泽弘幸先生是黄檗卖茶流的第二代家元，第一代家元是他的父亲中泽巽堂先生，今天来的现在在底下会场布置工作的，是他的公子、长男中泽孝典先生，非常感激今

---

① 中泽弘幸：1946年4月出生。日本墨象家。一般社团法人煎茶道黄檗卖茶流代表理事、日本喜剧人协会首席顾问、河北山临济院住持、大悲山千手院住持、庖丁道清和四条流首席顾问。

图33 林文清、中泽弘幸、李湖江于福建师范大学校部胜利楼合影

天我们有这样的因缘,聚集在我们福建师范大学来做这样的一个交流活动,中泽弘幸先代家元他已经是七十高龄了,他对中国文化,特别是对传到日本的黄檗文化,有家族传承的感情和执着的理解,那我们今天来聆听他的介绍、讲演。

中泽弘幸:我这样坐着有点失礼,今年七十三岁,虽然看起来有点年轻。十三岁父亲没了,我是自幼在黄檗文化的氛围中成长起来的。我不是学者,不是历史学家,但我是一个文化人,因为在这样一种文化氛围中成长起来,所以我可以看到、感受到很多东西。我可以感受到,日本文化的故乡是在中国,我们通常认为中国历史具有五千年以上的文化,那么中国文化传入日本,至少我们有迹可循,有文献记载可以作为依据的,应该是两千五百年前就开始了。这个报告结束之后,接下去将会由现代卖茶流的家元,他来主持一个茶会来欢迎大家。到时候,这位家元和他周边的学员、工作人员将会穿着大家熟悉的和服，实际上它应该叫作吴服。这个吴服的吴指中国战国时期的东南吴越地区，特别是吴地传到日本的服装。公元前473年的吴越战争大家很熟悉，那么在吴国有许多民众沿着东海到了日本，这个吴的民众应该在冲绳岛北端一个小岛定居下来，还有一部分迁往九州方面。在冲绳岛的北端有一个小岛叫鹿之岛（音），上面定居着吴人的一群后裔，一直到现在。吴人的后裔定居在鹿之岛（音），从文化特征看，至少有三个方面可以证明他们的故乡在中国的东南。第一是农田耕作，他们采用梯田的耕作形式，很明显就是中国东南地段的耕作方法。第二是他们衣服的制作方法，是现代日本和服制作的雏形和基础。第三就是鹈饲捕鱼的方法，也就是借住鹈饲来捕鱼。专门从事这种职业的叫作渔师，是受到日本政府的保护和资助的，因为该职业作为文化遗产留下来，现在仍有影响。在京都宇治川，每年也都有这样的仪式。那么这种鹈饲捕鱼的做法，我们可以在中国找到非常相似的地方，那就是桂林，很好地保留着这种捕鱼的方法，几乎可以说是完全一样的。吴国族群的迁移一部分是过海往东边的日本，另外一部分是往南边，所以他们才会保留着先祖传承下来的极其相似的生活方式。所以你看到他们的服装，他们这种操作的方法都是相似的。你会感慨文化的遗迹，它是这样保留的。大家提到日本食品的时候，第一印象是寿司，实际上寿司跟吴国文化有关系，这个话题有点古老，今后会另做报告。先切到我们现在的话题。我们现在在冲绳北边的鹿之岛（音），还有九州的沿海岛屿周边，可以看到从中国大陆飘过来的东西，那也就是说几千年来，这个海水的流向它都没有变，那文化的路它也是这样子的。

接下来汇报一下我对黄檗文化的理解和感受。如果讲到中国文化传播到日本，那么从秦汉、宋都一直在延续，大家比较熟悉的就是唐代文化在世界范围内特别是对日本的影响。我们今天的主题，明代的晚期，1654年隐元禅师到日本传播佛教，传播黄檗文化，这个事件应该还不是太为人所熟悉。那么讲到中国文化传播日本，我们一般会提到大家比较熟悉的唐代鉴真和尚，在奈良他所创建的唐招提寺，还保存至今，这个是唐代文化对日本影响的象征性人物和重大的事件。在历代具有相当社会地位和德才兼备的人物到过日本，在这些人物中，明朝的隐元禅师应该是社会地位最高的一位，而且是最受当时日本社会重视的人物。关于隐元禅师东渡日本，为什么东渡？这个原因它是一个很有趣味的问题。那么我的理解是，因为当时刚好处于明清之交，隐元禅师是具有非常深厚民族感情的一个人，他东渡日本是否带有向德川幕府，为明朝探求援助的这样一个动机？当然这只是一种推测。更重要的是我们可以看到史实记载，在隐元禅师六十三岁东渡日本之前好几年，德川幕府向隐元禅师发出东渡日本弘法的邀请，可见当时日本社会对这个人物的重视和关注。隐元禅师到了日本之后，德川幕府四代将军德川家纲，他亲自接见隐元禅师。在当时作为国家政治象征性存在的日本皇室中，当时的后水尾上皇，他已经退位了，所以又叫法皇，他也对隐元禅师表示尊敬，他们之间有许多交流，后水尾法皇实际上跟我这个家有很深的关系。当时德川幕府和日本皇室，对隐元禅师和他所代表的明朝文化是这样的重视，这个是很不寻常的一件事情。为什么呢？作为历史的记录，有许多资料也不太完整，但是作为一个文化影响的事实，明朝文化对日本社会的影响，现在是随处可见。隐元禅师所处的明末清初这个时代，中国大陆居民移居日本，人数至少应该有两三万人，或者更多。要特别注意的是，他们不是难民也不是移民，这是当时中国最优秀的人才，到了日本。这两三万最优秀的人才到日本定居之后，他们的子孙也在日本绵延发展，当然现在是日本人了。这应该是一个明显的事实，实际上说不定我本身就有中国人的血统。

林观潮：昨天还是前天聊天的时候说，他在京都第一次见到我们，还有林文清会长，我们第一次相见的时候，什么话都没说，就感到非常的亲切，这可能是血缘的共振。

中泽弘幸：隐元禅师所代表的明朝文化、黄檗文化对日本社会的影响，最明显的、最重要的一个地方就是明朝非常优秀、成熟的社会制度，它被带到日本，而且为德川幕府所接受、使用。隐元禅师所代表的佛教文化带来的寺院管理方式，它深刻影响着日本社会，这个总结来说，大要有三个方面。第一个方面，就是影响了日本社会规范的户籍管理。因为当时的寺院会记录信徒的人数，寺院里边发生过的事情。一直到现在日本的寺院还有记录的本子，记录的体系，叫作过去账。这个影响启发了德川幕府对于平民的户籍管理。为什么？当时隐元禅师到达日本的那个时期，只有天皇家族还有部分的社会贵族有户籍登记，这些人有正式的名字，一般人还没有名字。所以隐元禅师带去的寺院管理，特别是对檀信徒的这些记录，启发了德川幕府建设完善它的户籍制度。第二个方面，当时的寺院实际上是一个文化中心，而住在寺院中的僧人，是具备高度文化修养的文化人，他们有一个工作，就是免费教育信徒们的孩子，在日语里叫寺子，就是寺院的孩子。为他们提供免费的教育，教他们读、写。宗祠教育，重视对平民的教育，这是中国的传统，那么也应该是明朝社会制度很突出的特点。第三个方面，就是我们今天讲的煎茶道。茶当时不是作为饮料来喝的，是作为中药，有助于人的身体健康。僧人住持给信徒们喝茶，就是让他们的身心能够健康。在当时寺院的庭院里面，种植了很多植物，我们如果到日本的寺院，应该会注意到日本寺院庭院里面树木很多，事实上那里面有许多草或者树，都可以用来入药的，里边有许多草药。茶作为寺院提供的管理平民健康的重要手段，实际上开启了现代日本提倡实行的免费国民保险的先河。什么叫文化？文化就是在我们的日常生活中，自然而然地存在影响。黄檗文化普遍存在于日本社会之中，其实很多人都已经不太注意，也不会去寻找它的源流。你讲给现在的一般的日本人听，他们都不置可否。

林观潮：他在黄檗文化的家庭出生、成长，而且几十年来一直坚持弘扬黄檗文化，他也具有黄檗宗僧人的僧籍，也是寺院的住持，也是茶道的家元、代表者。实际上这个是他们家世代相传的，对中国文化、黄檗文化的执着和理解。

中泽弘幸： 林文清会长和我的一些同道，这么多年来在研究、宣传黄檗文化，都是走一条寂寞之路吧。我们这两个团体从去年开始，就有一种非常亲近的关系。我们今天能有这样的汇合，有这样的机会向朋友们作这个报告，要非常感谢我们福建师范大学。当然最应该感谢的还是习主席，如果没有2015年5月23日习主席的讲话，黄檗文化和隐元禅师在日本不会受到那么多人的重视。

林观潮： 习主席讲话之后，日本的许多团体，包括一些政治家，跟中泽先生交流，就请教这里面到底怎样？中泽先生就开玩笑说，我以前早就跟你说过了，是这样子的。

中泽弘幸： 黄檗文化令我最感动、感受最深的一点就是它所代表、反映的明朝文化的一个特点，一个非常大的优点，就是让普通的民众都能够受到教育，都能够具有知识、智慧，这个是社会能够长治久安的基础。我觉得这个是黄檗文化和它所代表的明朝文化给日本文化很大的启发。那么德川幕府所经营的江户社会也很好地践行了这一点，所以德川幕府时期，它持续了天下太平两百五十多年，这个在历史上应该是可以大书特书的。我们注意到现在有一种文艺体裁叫"落语"，原文应该是乐，快乐的乐，快乐地说话，这个话会让人感到快乐，这个是从哪里来的呢？它源于江户幕府时期的黄檗宗寺院，因为黄檗宗寺院的僧人对信众说法，会集合在一个地方。德川幕府在政府管理上受这方面的启发，如果要通知民众什么事情，就集合到寺院里面，然后由政府基层的官员跟民众说明要做什么事。这个集会正式通知结束之后，要让大家轻松一下、乐一下，这时候就会有一些口才比较好的人，宣讲一些具有教育内容的文艺片段，就是现在"落语"的形式。那么这种讲经说法、集会通知，实际上是现代收音机的功能吧。这些作为文化的痕迹保留下来，就是现在的"落语"。实际上是"乐语"。

大家对日本建筑物的质量有牢固的印象，日本的土木建筑技术还有造桥的技术，在世界上应该是很受尊重的，居于先列。那么它一个很重要的源流，应该是隐元禅师这个时候，他们带来的明朝的土木建筑技术。其中代表性人物就是铁牛道机禅师。铁牛道机是日本僧人，他跟随隐元禅师学习，后来又接了隐元弟子木庵禅师的法。铁牛禅师受德川幕府的信任，主持围海造田。这个在日语里边叫干拓，就是把海水湿的地方拓开，变成可耕的地，叫干拓地。围海造田的影响是很深刻、多方面的，一方面它扩大了日本的耕地面积；另外一个方面，在其中所形成的、发达起来的土木建筑技术，它为此后日本建筑技术的发展、发达，打下了非常坚实的基础。还有一个是造桥，日本石桥架构的技术，也是这个时代传入的。作为典型的象征，比如长崎中岛川上的眼镜桥，还有在山口县岩国市的锦带桥，2006年杭州峰会的时候，这个也是作为两国领导人见面的话题。关于黄檗文化对饮食方面的影响，那么在食品材料方面，比如有隐元豆、西瓜、豆芽，还有莲藕等等。在食品制作方面，比油炸食品天妇罗，这次来福清之后再次确认，和福清话一样（tenpu-la）。那个制作方法，应该就源于福建福清。还有纳豆，就是把豆发酵了来吃，纳豆应该也是这个时候由隐元禅师带到日本的。

除此之外，对人们的思想有很大的启发的，那就是围着一张桌子一起平等进食的这个方式。隐元禅师到日本之前，日本社会家庭饮食的方式是，父亲一个人一个座位，父亲、母亲、长男，家里的孩子都分开，上下等级非常明显，他们不能在一个地方一起吃饭，更不用说同一个碗里取东西分着吃。他们看到隐元禅师这么伟大的人物，竟然在一张桌子上跟弟子们一起吃饭，而且是平等地分吃，他们就感到震撼。这种家人、朋友之间可以围在一起吃饭，可以轻松交流的饮食方式，在隐元禅师到来之后，慢慢在日本社会中传播开来。最后有两点，一点就是年号。年号也是中国文化，现在日本是唯一认真保持使用年号的国家。第二点就是汉字。要拜托同学们、朋友们保护好、利用好中国的汉字。汉字应该是中国文化送给日本最大、最好的礼物。因为日语用了五种记号方式——汉字、片假名、平假名、罗马字、数字。能够用五种方式来记录语言的，日语独一无二，其中汉语、汉字的影响是最重要的。因为当我们看到一个汉字（指繁体字）的时候，肯定要用右脑，你如果不想象，这个字它出不来。而另外其他的平假名、片假名、罗马字还有数字，要使用左脑。所以当我们在使用汉字的时候，实际上有利于左右脑同时开动。总之，拜托大家使用汉字并且保护好汉字。非常感谢大家。

听众提问一：明末清初的时候福建有一批士大夫移民到日本长崎，有没有留下一些文献，对现代日本社会有什么影响？

中泽弘幸回答：明末清初从福建移民到长崎的士大夫，他们的相关资料在长崎有保存，当然在其他地方也有保存。但因为战争，特别是1945年的原子弹爆炸，流失了很多。

听众提问二：后水尾天皇和隐元禅师是什么关系？

中泽弘幸回答：后水尾法皇皈依了隐元禅师，后水尾法皇是接了隐元禅师弟子龙溪禅师的法，所以他是隐元禅师的法孙。因为后水尾法皇的关系，所以天皇家系跟黄檗宗这种亲密的关系一直保留下来，一直保留到现在。明治维新以后才开始把隐元禅师这个宗派叫作黄檗宗，这是政府明文规定公示的称呼，一般社会民众都可以注意到的，这叫黄檗宗。虽然在那之前，它一直称为临济宗，而且特别强调它是临济正宗。因为在明朝隐元禅师的宗派传到日本之前，此前日本的镰仓时代相当于中国的宋元，已经有临济宗和曹洞宗传入日本，而且影响巨大。

听众提问三：卖茶流的卖茶是什么意思？

中泽弘幸回答： 卖茶流是由卖茶翁即原来黄檗宗的僧人月海元昭①创立的。卖茶流这个流派，是继承卖茶翁月海和尚的精神而创立的一个茶道。月海和尚特别强调了五点，我想对大家也是有启发的。第一点要健康，第二点要长寿，第三点要自己养活自己，第四点要有艺术的情趣，第五点要觉悟死亡。年轻的时候听了觉得难道人生就这五点？应该还有更重要的东西吧。现在过了七十岁，觉得这五点好像确实包括了所有的人生，这个是特别给我们年轻的同学们提供一个参考。谢谢大家！

综上，中泽弘幸先生首先讲到古代中国文化对日本文化的影响，主要表现在三个方面：第一是采用梯田的农作方式，第二是裁制衣服的方法，第三是鹈饲捕鱼的方法。这些文化传到日本之后，成为文化遗产保存至今。其次他提到中国文化影响日本文化的两个重要人物，一个是唐朝的鉴真和尚，另一个则是明末的隐元和尚，鉴真东渡已为中日两国人民所熟知，而隐元东渡和鉴真东渡应享有同等的重要性。再次，他提及日本寺院的户籍管理制度成为政府管理的手段，以及寺院成为文化的中心，这成为日本佛教的特征。最后他提到黄檗文化对日本产生的影响是多元的，包括文艺活动、造桥技术、围海造田、饮食方式等。在听众提问的环节，中泽弘幸先生特别引用了月海元昭的五点人生建议，引起现场听众的共鸣，大家纷纷报以热烈的掌声，感谢中泽弘幸先生带来的精彩演讲。在演讲结束以后，与会者参观了黄檗卖茶流当代家元中泽孝典先生的茶道表演②，透过精心布置、繁琐郑重的茶道仪式，我们体会到了一种不可说的境界。

---

① 月海元昭（1675—1763），日本煎茶道始祖，日本肥前国神埼郡莲池村人，俗姓柴山氏，著有《梅山种茶谱略》《卖茶翁偈语》等。

② 中泽孝典：1976年6月生。祖父中泽巽堂创煎茶道黄檗卖茶流，父亲中泽弘幸为卖茶流二代家元。其为中泽弘幸长子，自幼学习煎茶道，作为家元继承人，致力于煎茶道的普及和发展。2019年1月继任卖茶流家元。

黄檗山万福寺住持定明法师访谈录

2021年12月8日下午13:00—14:00，在福建省福清市黄檗山万福寺方丈室，福建师范大学闽台区域研究中心李湖江副研究员对黄檗山万福寺住持、黄檗书院院长定明法师进行了专访，下文是访谈记录。

图34 李湖江与定明法师合影

李湖江：尊敬的定明法师您好！非常荣幸有这个机会对您做一个访谈。我们说到黄檗文化相关的概念，大家比较熟悉的有黄檗派、黄檗宗，当然也包括黄檗文化一词。但是"黄檗学"这个概念应该是您第一次正式提出，也就是在今年11月"第二届国际黄檗禅论坛"上您提出来的，那您是基于什么样的考虑提出"黄檗学"的概念？

定明法师： 实际上早期我们也没有这个概念，因为随着相关文献的不断收集、整理和研究，我们就觉得黄檗文化的现象历史非常久远，就开始思考能不能以一种学科的方式出现在学术视野里面，这个首先有利于它的研究。当然它背后的历史，它的丰富性，包括它对整个东亚文明的交流、互动，它本身是足以成为一门学科的。我们与敦煌学对照，敦煌学应该是属于陆上丝绸之路，佛教与商业文明、地方文明相结合的文化形态。敦煌被发现以后，进入到欧洲的视野，开始有敦煌学的概念。我们就想有没有可能成立黄檗学？我们的黄檗文化这么丰富，但它跟敦煌有很大的差异，敦煌是陆上丝绸之路，黄檗文化实际上是海上丝绸之路，这里面结合着丰富的内容，从隐元禅师东渡以后，对东亚文明的贡献影响有四百多年，影响比较深远。所以我跟白撞雨老师沟通聊天，我们要提出一个新的学科概念来推动学术研究，也许对未来传统文化的深入推广会有很大帮助。

李湖江： 敦煌学是二十世纪的三门显学之一，它的特征是涵盖跨越多个学科，引起很多人的关注。黄檗学似乎也具有这样一些特征，比如说涵盖文学、历史、哲学、建筑、雕塑、绘画、音乐、饮食、医药等方面。按凤凰网的报道，您给黄檗学总结了三个方面的主要内容。

按，定明法师在《关于创立黄檗学的构想》中指出："在历史与文献研究的基础上，'黄檗学'以黄檗希运禅师一脉临济开宗为起点，以隐元禅师东渡扶桑黄檗开宗为基点，探寻黄檗文化千年形成的脉络与足迹，涵盖黄檗文化在东亚乃至世界传播的各领域。主要包括以下三方面：一是以福建黄檗山为基点，研究黄檗希运禅师传法江西、临济义玄禅师传法正定所形成传承千年的黄檗临济禅学，宋代东传日本的临济禅学，法脉、体系以及传法路径的研究，以及从黄檗希运禅师到明末清初临济三十二代隐元禅师东渡八百年来，在东亚社会与其他文化交流互鉴形成的多样文明成果。二是以隐元禅师东渡为基点，研究黄檗东渡禅僧对日本黄檗宗的形成、影响，以及黄檗禅法的体系，对日本佛教思想、制度、信仰等影响，历代黄檗祖师三百六十多年来形成的语录、著作等成果。三是以黄檗僧团的文化传播为基点，研究黄檗僧团、黄檗外护带去日本并对其经济社会发展带来重要影响的先进文化、科学技术，诸如在书法绘画、诗词歌赋、茶道花道、饮食料理、篆刻雕塑、建筑营造、出版印刷、医疗医药、公共教育、围海造田、农业种植等领域的重要成果。"①

定明法师：对！

李湖江：这三个方面有侧重点吗？

定明法师：这三个方面实际上是从不同角度去研究和理解黄檗学。首先，黄檗文化现象的产生，它是源自一座山，比如说福清黄檗山，到江西黄檗山，到日本黄檗山，它是源自名山文化而形成的。早期从中国传到日本是一个很漫长的过程，从黄檗宗风、黄檗禅学到临济宗风、临济禅学，这对整个东亚的影响特别大，特别是对中国、日本的影响很大。这个是讲到黄檗学内核的部分，就是黄檗希运禅师所开创的黄檗宗风，以及他的弟子临济义玄开创的临济宗。你看临济义玄在《临济语录》里面很明确提出"我继承黄檗家风"，就是弘扬黄檗家法、禅法，非常明确！才有后来的临济宗。包括我们在看当时的语录，包括《百丈禅师语录》《临济语录》里面，就涉及很多对黄檗的评价。黄檗这个派系影响到沩仰宗，沩山跟仰山彼此之间的对话，经常会问到当年黄檗希运禅的情况……有很多评价。因为黄檗希运禅师当时的影响特别大，然后就传给临济义玄禅师，开创了临济宗，成为两宋禅学的显学。这是一个内核。黄檗禅学或者临济禅学的发展，影响了禅宗与整个晚唐、北宋、南宋、元明的儒者士大夫之间的互动，这个互动的影响实在是特别深远。

---

① 定明法师：《关于创立黄檗学的构想》，《闽商文化研究》2021年增刊。

李湖江： 也就是说黄檗学的起点是定在黄檗希运禅师。

定明法师： 对，黄檗希运禅师，因为他才有黄檗这个文化现象。他到了江西有黄檗山，到安徽也有黄檗山。安徽还有一个黄檗山，只是不像江西的那么有名，当时有文献记载，他酷爱黄檗，所到之处皆以黄檗名之，所以就因为他这么一个人才有了黄檗文化的现象。

李湖江： 没错，这样看来值得挖掘的历史其实是很久远的。

定明法师： 非常久远。比如说晚唐时期，北宋、南宋他这一脉就变成临济的，但是临济一直遵循的就是黄檗宗风。当然黄檗宗风跟日本的黄檗宗又是两个概念。他们继承临济真正的核心精神，是继承黄檗希运禅师大机大用的禅学宗风，开创了临济宗，而临济宗在宋代就传到了日本，对日本的影响多大！

李湖江： 但是现在像这方面的资料缺失了很多，就像《黄檗山寺志》提到，黄檗山寺始创于唐朝正干禅师，后面说盛于宋，微于元，中兴于明清。记得白撞雨老师专门写了一篇文章《寻找宋代黄檗》。那么像这方面的资料现在您有没有收集到一些？

定明法师： 现在通过研究弥补了两宋的寺志里面的断代。因为在寺志里面，我们现在最早看到的关于黄檗的记载，就是《淳熙三山志》里面有提到相关的一部分情况，但是当时整个北宋跟南宋寺院的寺志历史几乎是没有的，只是在诗词里面偶尔出现，元代也只是提到一两个人名。但后来通过研究，北宋、南宋找出来的禅师应该快有十五到二十个人。当时有一首诗，宋代永嘉四灵之一翁卷写的"天下两黄檗，此中山是真"，后面还有一句叫"将行更瞻礼，十二祖师身"[①]，说明当时的黄檗山是有祖师文化的，有专门供奉祖师的塔林或者殿堂，他才会写入诗里

---

① 翁卷《福州黄檗寺》："天下两黄檗，此中山是真。碑看前代刻，僧值故乡人。一宿禅房雨，经时客路尘。将行更瞻礼，十二祖师身。"

面，那个诗就能够作为一个证明。我们因为那一首诗，就可以发现寺志里面是有断层的。通过最近将近一年的研究，找出来很多相关禅师的名字、禅师的住庙时间、禅师和地方大员、儒者士大夫互动的相关诗词、历史文献都找了不少，这就弥补了那个时期的断代，是不是？

李湖江：这个蛮重要的，丰富了整个黄檗学的内涵。当然我们讲到黄檗文化，大家一定会想到日本的黄檗文化，这肯定也是非常重要的一个部分。

定明法师：对，实际上对于黄檗学，我们刚才讲只是提到第一个部分，第二个部分就是到了临济宗第三十二代隐元禅师东渡日本开创黄檗宗，有了第二座、第三座黄檗名山①，对日本江户社会影响四百年。那在这个层面，隐元禅师是一个符号，背后还将近有一百多人有写入日本的高僧传记里面，有一百多位禅师，福建籍的、浙江籍的，跟隐元禅师这个法脉相关联的人到了日本，影响日本很大，形成后来所谓的黄檗宗这么一个说法。所以这是黄檗学的第二个研究领域。当然如果更远点，东渡还是要追溯宋代传到日本的临济宗，这也是属于黄檗学的一个重要组成部分。

李湖江：倒是很少人关注到这一点。

定明法师：对，我们在构建黄檗学的构想里面有这么一个论述。第三个部分，黄檗学产生的核心是禅学，在其外围，跟儒者士大夫为代表的儒学有互动。在福建的黄檗学就涉及跟闽学的互动，闽学从晚唐到明清，闽中的文化形态，闽中的知识分子，包括与朱熹儒学相关的，也包括后来的真德秀、林希逸、林汝翥等等这一批名人，黄檗跟闽学就产生相互关联。同时闽中文化是海洋文明，又跟海洋文化形成了关联。随着

---

① 黄檗山有福清黄檗山、江西黄檗山、日本黄檗山比较有名，若不算江西黄檗山，日本黄檗山就是第二座，有算江西，日本就是第三座。

隐元禅师东渡，有一大批从事海洋商贸的商人，福建的海商东渡日本，黄檗跟海洋商贸、商贸文明又形成结合，所以实际上它的形态是非常丰富多彩的。就黄檗学的构成，它产生于福建，发祥于江西、河北，然后中兴，到了日本再一次发扬光大，这背后就形成了禅学文化、佛教文化跟儒学文化、地方文化的交流互动，跟闽学的互动、跟海商海洋文化的层层互动，形成整体的形态。

李湖江：这是个非常庞大的一个体系。上次举办第二届国际黄檗禅论坛时，听黄夏年教授提及研究资料的重要性。关于黄檗学，首先要有足够的文献，我们才比较方便去利用、研究它。可否谈谈我们在黄檗文献搜集方面的情况？我了解到黄檗书院白老师团队已经编了一本《黄檗文献之光》，大概有八百页，收集了一千多册的资料。

定明法师：但是里面还不是我们收集的所有资料，当时截止到一个时间点，后面新收回来的资料还没进去。

李湖江：您搜集的比较重要的文献有哪些呢？

定明法师：有一些文献挺重要的，国内外应该都是孤本。比如说黄檗朋友圈里面，黄道周有一本书《博物典汇》，估计国家图书馆都没有，我们从海外拍回来，内容涉及他天文学的造诣。包括你整理即非禅师的著作，即非禅师有一本科普著作，你有没有印象？写自然科学的著作。

李湖江：是《福清县志续略》吗？

定明法师：不是县志，他是有一本科普著作的。

李湖江：我没注意到这个。

定明法师：对，他有本科普著作，讲天文和一些自然现象，很有意思。

李湖江：这是很稀有的一些文献。

定明法师：对。

李湖江：所搜集黄檗文献的主体是语录吗？

定明法师： 即非禅师那本著作不是语录，它就是科普文献。我们收集的东西实际上是比较多元的。我们有研究过黄檗文化，在东渡日本以后产生十五大领域的影响，从先进文明、科学技术、医疗医药、花道茶道等等相关的有十五类，当然有的比较多，有的比较少。

李湖江： 研究黄檗学往往涉及具体方向问题，您曾发布过一份选题目录有十六个方向[①]，您认为当前比较重要的应该开展的有哪些？

定明法师： 这个重要，实际上就是急用先行的方式，决定哪一些比较重要。比如说宋代的黄檗有很多文献的断层，我们可能想集中攻破某一个领域。随着我们办活动的需要、学术推广的需要，可能每个时期的重点都不太一样。明年是隐元禅师圆寂三百五十周年，我们就很想了解当时的册封仪式，包括流程、跟天皇之间的互动、跟德川幕府之间的互动到底是什么情况？我们想通过研究、翻译、整理黄檗文献，突破某一个学术短板或者认识上的问题，但它每个阶段都不一样。

李湖江： 要解决这些问题，要依靠高校或者研究机构的学者来做这件事，通常情况下学者并不是专门研究这个领域的，有没有什么样的方法可以召集学者来专门攻破这些难题？

定明法师： 我觉得这是一个过程，因为在2015年之前，只是少数

---

① 国际黄檗禅论坛和《黄檗学特刊》学术研究成果征集：一，宋代、元代闽中黄檗寺各种相关问题研究。二，历代黄檗祖师研究。三，历代黄檗文物研究：祖师塔、碑刻、摩崖石刻、书画研究。四，黄檗山历代祈雨研究。五，黄檗寺志、黄檗山寺志研究。六，黄檗与皇室、皇家关系研究。七，日本天皇敕赐谥封渡日黄檗僧隐元、木庵、高泉禅师及日本黄檗宗僧人龙溪、铁眼禅师相关文献研究。八，黄檗寺与福清知县关系研究。九，政客士大夫游黄檗诗文研究。十，黄檗居士诗研究。十一，日文古籍中重要黄檗文献的翻译研究。十二，台湾黄檗寺及黄檗法脉相关问题研究。十三，国内外黄檗法脉梳理研究。十四，黄檗寺下院研究。十五，黄檗历代檀越研究。十六，黄檗东渡禅僧与唐通事研究。

人了解黄檗。2015年在总书记讲话之后[①]，随着寺院的重光，国际黄檗禅论坛第一届、二届这么办下来，慢慢慢慢黄檗学就可能逐渐成为学术研究的一门显学。但是怎么去推动，我觉得确实要有个过程。你看我们出好几套书，第一套是"国际黄檗禅文化研究丛书"，已经出了三本[②]。第二套是我们正在整理的"黄檗法汇"，如果《隐元全集》《木庵全集》《即非全集》《高泉全集》都出来，光原始文献就二十本，而且很多文献在国内是找不到的。"黄檗法汇"预计能够出六十册到八十册，这个量很大。有新的文献支撑，很多学者就会重新再研究。我先把"黄檗法汇"这一套做出来，黄檗法汇它有一个向下的点，一个向上的点。向下的点是以隐元禅师为核心，东渡日本，包括他在中国的法脉传承。向上的点就是从他的师父到临济义玄禅师再到黄檗希运禅师，也就是临济宗著作重新再整理。"黄檗法汇"含括中国的临济宗和日本的黄檗宗，这一套丛书出来就奠定了这一座山，重新再奠定跟塑造它在整个禅学领域的地位跟影响力。

第三就是黄檗禅学以外的医药、茶文化、建筑、诗词这一类，以上是黄檗文化的三大领域。在这领域之外，我们还准备出另外一套书"国际禅学研究丛书"，第一本是杨曾文老师写的，原来叫《禅与宋代儒者士大夫》；第二本是何劲松老师的《道元禅师研究》；第三本是上海有一个老师翻译的《佛尔》。翻译的书原来出版过的就不出了，还没出版

[①] 2015年5月23日，习近平《在中日友好交流大会上的讲话》中指出："我在福建省工作时，就知道17世纪中国名僧隐元大师东渡日本的故事。在日本期间，隐元大师不仅传播了佛学经义，还带去了先进文化和科学技术，对日本江户时期经济社会发展产生了重要影响。"

[②] 包括刘泽亮著《以心传心——黄檗禅学论》，吴疆著《蹈海东瀛——隐元隆琦与前近代东亚社会的本真危机》，孙国柱、王启元、能仁编《祖道千秋——首届国际黄檗禅论坛论文集》等三册，均由宗教文化出版社出版。

过，就是黄檗临济以外的几大宗派形成的禅文化现象，跟欧美学科的互动，觉得不错的，然后翻译出来，也可以出。我想这是一个过程。当然也有一种学术运营的方式，比如跟各大高校签约等等。我想也不用特别着急，稳扎稳打，如果说要做签约仪式，搞得很火热，好像也不一定会有很好的效果。我们未来做法：第一，提供研究的课题方向、建议。第二，课题研究的文献支撑。第三，提供一笔科研经费的支持，比如出版支持。

李湖江：我注意到凤凰网上的报道，说您当时在收集相关资料时也碰到过物质、精神方面的各种困难，有没有什么小故事可以分享？

定明法师：实际上我们做这方面的研究，如何能够把这些先贤的历史贡献、学术成就、思想成就、社会成就呈现出来？是需要通过多方面探索跟研究。黄檗山大家都知道，那么过去的祖师，他们对社会文明的推动、文化的传承到底做了什么？我觉得只有从这个角度去重新再认识，才能够更准确、更客观地评价黄檗历代禅师。他们所做的努力，不单单是宗教方面，可能是跨领域、跨文化的成就。当时收集资料时，因为我们刚刚修完庙又碰到了疫情，各种困难就都出现了，因为收文献是需要资金投入，我们有的时候感觉太困难了。后来又换了一个思路，慢慢的越来越有信心，积聚了一批资源。后来发现这个思路是对的，因为只有从文献、古籍这方面入手，才能够为未来黄檗学术研究提供持久的学术方向、学术的原材料。这也是为什么我们在这短短的两年内做了很多历史性突破。编写《黄檗文化之光》《黄檗文献之光》，全方位梳理黄檗学。什么是黄檗？过去很多人说不清楚。一说黄檗就是书法、医疗、茶、建筑，这些在日本有影响。我们梳理完以后，发现黄檗之所以在日本影响那么大，是因为在中国它本身影响就非常大。我们把这个根梳理出来，梳理黄檗文化之根。从名字角度来研究黄檗，从诗文的角度，诗文的黄檗、名人的黄檗、禅者的黄檗，到人文的黄檗，是一个大领域。

这个大领域就是黄檗在中国文化传承有近千年的历史，然后东渡到日本才有黄檗文化之光讲的十五大领域。因为只有这么研究，全方位梳理黄檗是什么？才能够扩展黄檗学研究的所有领域和黄檗文化研究的方向。原来很多人一提黄檗，就是茶、书法、艺术、顶相画，好像黄檗就这样了，其实那些只停留在表层。我们现在研究黄檗，跟北宋、南宋、明代的整个地方政治都连在一块。比如说黄檗山祈雨研究，这个没有人关注吧？从北宋、南宋、明代、清代，很多高级官员、地方长官都去黄檗山龙潭祈雨，像真德秀写有《龙潭祈雨醮词》。很多地方大员在上面祈雨以后，有摩崖碑刻，留有诗词。为什么到黄檗山来祈雨呢？别的地方不去？它就涉及当时的农业、农耕、水利、生态等等，这个研究就非常有意思。所以我们觉得说这么去梳理、整理，从文献的角度来讲，突破黄檗学研究的极限。黄檗文化不再是之前大家提到的，就只是茶、书法、艺术、绘画。所以我们通过从文献入手，重新再定位黄檗，梳理黄檗整个的历史脉络、黄檗文化的种种现象。中国黄檗的根是什么样？到了日本，黄檗的花是什么样？应该更多研究它在中国所产生的深厚的历史影响，而且是多维度的影响，才有后来日本黄檗文化的灿烂。

李湖江：如果我们用一棵树来形容黄檗，它的根是扎在中国，在福建……

定明法师：它是从福建到江西，从江西到河北，河北到整个江浙，又到闽中，然后到了广东，它的传播是辐射性的、全国性的。

李湖江：它的根在中国，然后枝干花朵，延伸到日本还有包括东南亚地区，甚至延伸到欧美国家，是一门综合性的文化样态。

定明法师：白老师还在写一篇文章，专门研究给隐元禅师著作写序的人。我们最近还请苏文菁老师写一篇关于黄檗与海洋文明的文章，视角就不一样了。我们还找李斗石老先生研究黄檗唐通事，其中有个唐通事后来跟隐元禅师出家了，这个就很典型。

李湖江：对，像这些之前少人关注到的领域，也是比较有价值的。

定明法师：未来禅学的研究我是有这么一个设想，举办论坛，过了2022年（隐元禅师圆寂三百五十周年）以后，活动任务没有那么大，就可以每两年办一次国际黄檗禅论坛，隔一年就办禅学研究方面的，一两年一次持续开展，我们通过这些活动，吸引研究佛教文化的这一批中青年学者参与。

李湖江：目前能够这么热心支持佛教学术研究方面的寺院也不是很多。

定明法师：这跟个人的爱好、情怀有关系。因为我原来如果没回来，想要开展几个领域的研究。第一个是明清禅宗的研究，书的框架都列好了。第二个就是文殊信仰研究，名字都起好了，叫作"佛国与帝国：文殊信仰变迁研究"，很有意思的，涉及宗教学、政治学、人类学多学科的交融碰撞。还有一个当然很难完成了，因为中国佛教史的写作方式，通常都是文献、历史、法脉传承。我想从僧诤的角度来看中国佛教史，从整个大的历史叙述，从僧诤看中国佛教史两千年，这个视角实际上是非常有意思的。

李湖江：其实法师是放下了自己的学术兴趣。对于黄檗学研究，我觉得您的推动是非常重要的，作为一个核心力量，可以整合其他的力量，未来值得期待。今天非常感谢您接受访谈！

定明法师：谢谢！

后 记

本书系福建省社会科学普及出版资助项目"黄檗文化纵览"（项目编号：FJ2021JHKP018）的成果。

写完这篇后记，就意味着书稿宣告基本完成，当然还要校对、排版和修改，但是心中的负担总算可以放下了。"黄檗文化纵览"课题通过立项是在2021年6月底，提交书稿是12月底，也就是说，只有半年的时间，要完成书稿的写作，何况在此期间还要承担教学、编辑等其他方面的工作，压力可谓不小，幸好得到各方面的支持和帮助，才能顺利完成书稿。

首先，要感谢我所在单位福建师范大学文学院各有关领导、同事们的支持和帮助，没有你们的理解和鼓励，我确实很难完成这项工作。其次，要感谢福建省福清市黄檗山万福寺住持定明法师和黄檗书院副院长白撞雨老师，在与之探讨与交流的过程中，我学习到很多。尤其是定明法师在百忙之中接受访谈，高屋建瓴，详细阐述了黄檗学的方方面面，开阔了我的视野，在此深表谢意！再次要感谢福建福清黄檗文化促进会林文清会长、郑松波副会长、念家圣秘书长，多次在促进会调研，我获得许多有益的信息，还承蒙热情招待，十分感激！

特别要感谢复旦大学葛兆光先生，在福建调研"黄檗文化"期间，给予我研究思路与方向方面的指导。感谢厦门大学林观潮教授，林老师深耕"黄檗文化"领域已多年，获相关国家社科项目已达三项，实在很了不起。写作时遇到疑难要问谁？第一时间自然想起林老师，每次都能得到解答，令我受益匪浅。还有福建师范大学外国语学院倪霞副教授，本书中援引日语文献的中文译文，多出自她的翻译。当然不能忘记福建师范大学社会历史学院蔡飞舟老师和闽江学院黄曦老师，黄檗禅僧的各种草书、行书等难以分辨的书法作品，都由他们帮助破解，我一个书法门外汉，在他们的帮助下，居然也能辨识不少作品，有幸能认识他们！

以上致谢的是国内的师友，国外主要是日本方面，也有许多法师、学者、文化界人士为我提供了帮助。要感谢京都万福寺住持黄檗宗管长近藤博道长老、长崎兴福寺住持松尾法道长老、圣福寺住持田谷昌弘法师，黄檗卖茶流先代家元中泽弘幸先生、当代家元中泽孝典先生，长崎史谈会会长原田博二先生以及长崎县文化观光国际部文化振兴课百田成玉女士、佐藤雅彦先生。特别是2019年我参加"隐元禅师与黄檗文化"日中研讨会期间，在长崎调研各黄檗宗寺院以及长崎历史文化博物馆，他们提供了很大的支持，谢谢他们！此外，要感谢我的博士班同学兼同门，任职于驹泽大学的大泽邦由先生，先前帮助购买《木庵全集》，如今又帮我订购《高泉全集》，屡次觅获稀缺文献而且都是先垫付"巨款"。在这个寒冷的冬天，收到他"已买到书"的信息，顿觉暖意一片，谢谢大泽君！

最后，要感谢我的家人，倘若没有家人替我承担家务，我哪有可能写出这本书呢？写作的时间是从家人的分担中挤出来的。感觉对阿宝非常亏欠，他刚学会说话，这段赶稿的日子和他相处的时间极少。记得他脚踝上长了个疤痕，像被蚊虫叮咬过，那天我问他："这是怎么回事？"他兴奋起来，仿佛得着了话柄，不管别人说什么，就用一句话来回答："这是怎么回事？""这是怎么回事？"既似不解的责难，又似禅家的机锋。

书虽然已写好，但时间有限，面对博大精深的"黄檗文化"，有许多重要的方面尚未涉及；更限于水平和能力，错漏之处肯定不少，也敬请读者朋友们不吝指正，以便下一版修订。感谢大家！

李湖江于福建师范大学

2023年12月29日